保護猫たちがくれた
ニャンデレラストーリー

下僕《げぼく》の恩返し

猫マスター
響介

ビジネス社

我が家の猫

リュック♂　あだ名：リュっきん　柄：白黒ハチワレ

我が家のドン、ボス、おじさん担当。基本的におっさん座り、あおむけ大股開きで寝ていて、自分のことを人間だと思っている。表情豊かで運動音痴、何かと話題に事欠かない男。

新居引っ越し時も我先に動くことで、怯えるみんなを安心させてあげたり、緊張する仕事が控えた僕の感情を読み取り、膝の上でおっさん座りをしてリラックスさせてくれる世界一の優男。幸運の鍵尻尾でやたら幸せを運んできてくれている。

好きな猫マスターの部位は左脇。

我が家の猫

ソラ♀　あだ名：ソラ姫　柄：三毛柄

我が家の姫。ただただ姫。ただただ美しい。歌舞伎を彷彿させる和モダンな三毛柄が特徴。とにかく美人だが、リュックと同じく全力で運動音痴。猫じゃらしが大好きだがいまだに触れたことがない。

雷や地震など、大きな音の立つ天災があると真っ先に僕のほうを見て「あんた、何したの。びっくりしたじゃない」と基本的に僕のせいにする。

猫マスター僕を独り占めするのが趣味で、他の追随を許さないほどの僕の腹の使用率。

好きな猫マスターの部位は腹。

我が家の猫

ニック♀　あだ名：ニック嬢　柄：白黒ブチ ハチワレ

我が家のお嬢様。わんぱく少女で好奇心旺盛。肝っ玉が異常なサイズ感でちょとやそっとじゃ動じない。エアコンの業者さんが工事をしている時、いなくなったと思ったら工具箱で寝ていたことがあるくらいには図太い神経。

にもかかわらず、インターホンと猫マスター僕のオナラには厳しい視線を向ける。

女子なのに男子ぽい名前な理由は「リュックに"ニ"てるから、ニック」

好きな猫マスターの部位は胸骨のあたり。

我が家の猫

ピーボ♀　あだ名:ボコたん　柄:黒猫

我が家の妃様。優しくおっとり、臆病な奥ゆかしき美少女……と思っていたが、お留守番カメラで留守中を盗撮してみたところ、家中の猫に「一触即発☆猫パンチバトル」を挑んでいることが発覚し、その驚異の勝率から「黒い彗星」の異名をつけられる。

元々小柄だったが、引っ越しを機にやたらデカくなる。真っ黒な黒猫と思われがちだがよく見るとうっすら虎柄が入っていておしゃれ。

走るとジャガーのような軽快な足音・・・と思いきやなんか馬みたいな音が鳴る。

好きな猫マスターの部位は右脇腹。

我が家の猫

ポポロン♂

あだ名:ぴょぴょりょん(僕しか呼んでない)　柄:サバハチワレ

我が家の王子様。いや、おおかた城を守るナイトといったところか。とにかく運動神経が抜群で人懐っこい。猫じゃらしを振ると170cmくらいは軽くジャンプする。

なぜかソラ姫からの当たりがやたらキツく、目の前をただ歩いただけにもかかわらず顔面にパンチを食らっていた。「えっマジでなんで?」という顔をするや否やもう一発お見舞いされ、そのストレスを僕の太ももにぶつけるルーティンを持つ。

末っ子で甘え上手、スタイル抜群で声も可愛く、目もクリクリ。おそらく自分が可愛いことに気づいている。ホストをやったら即ナンバーワン。その場合リュックがオーナーで僕はトイレ掃除。

好きな猫マスターの部位は右太もも。

「鬼ごっこしたい！　猫と！　ずっと！　猫！　幸せにしたい！　しなきゃ!!　あ〜〜！　もう！　……家建てよ！」

すべてはこのアホ丸出しの思考から始まった。

猫と暮らす人間は口々に言う。「僕らは下僕なんだ」と。「猫を飼っている」なんて言葉はご法度。丁寧に表現するならば「猫様と暮らさせていただいている」だ。

我々は猫様にご飯を食べてもらえること、早朝4時に瞼《まぶた》をまくられること、カーテンレールから鳩尾《みぞおち》へのダイブ、トイレを掃除させていただけること、すべてに感謝しなければならないのだ。それらすべてが、僕ら人間の幸せに直結しているのだから。

20代前半の僕は、狭くてボロいアパートで暮らすしがない作曲家（とも呼べないくらいのただの底辺貧乏人）だった。「音楽で食えたらラッキーぽよ。印税生活ロイヤリティ、美女を侍《はべ》らせ毎晩楽しくパーリナイ」と口では言うものの、ひたすらゲーム

三昧《ざんまい》、深夜にラーメンを食べ、やっと動き出したと思ったら「お腹いっぱいで苦しいから今日は寝る」と、到底音楽で食べていけるような生活でもなければ、一切の行動も伴っていない、自堕落な日々を繰り返す、絵に描いたようなゴミ人間だった。

そんなゴミ丸出しの僕がある日、保護猫だった我が家の猫たちを引き取り、そこから、その日から、その瞬間から、僕の人生は一変した。

猫たちと暮らすことで「命」を預かることの重さを実感し、仕事や人生への向き合い方が180度変わった。

「音楽で食べていきたい」からじゃない。「音楽しかできない僕は、猫たちを幸せにするための唯一の手段として、音楽を〝仕事〟として、頑張らなければいけないんだ」、そう自分に言い聞かせた。

僕は人格が変わったように今までの自堕落な生活から一変、猫をとにかく幸せにするマンへと進化した。「猫たちのために、頑張らねば。僕が死んだら、みんなも生きられない」。このたった一つの意識が、僕を大きく変えたのだ。その結果、逆に猫たちから想像し得ないほどの幸せをもらえることになる。

仕事は一気に軌道に乗り、念願叶って某国民的アイドルへの楽曲提供をきっかけに、いろいろな仕事が決まり出した。その流れでたくさんのいい人間にも出会えた。
しかしこれは僕の力ではないのだ。**すべては猫たちがくれた幸せパワーがそうさせてくれただけなのだ。**

そんな勢いで数年を過ごし、少しずつお金に余裕ができた僕は、猫たちと「鬼ごっこがしたい」というただそれだけの理由で100平米を超えるマンションの購入を決意した。

ちなみにこのあたりからブログが人気を博し、「猫たちのためだから」と過剰なまでに知識を詰め込んだ結果、あまりに猫の生態を把握しすぎていることや、近所の野良猫にデカイ猫だと思われていて猫の集会に案内されたりしたため、「猫マスター」というおそれ多い異名で呼ばれるようになった（ほんとは自分で呼び出した）。

そんな猫マスター僕はマンションを購入し、こう考えていた。
「野良猫だった猫たちを、ここまで広い家に住まわせたぞ！　恩返しだぜ！　よくやった！　僕！」
半日か1日くらいはかろうじてそう思っていた。でもマンションに引っ越して2日目くらいでとあることに気づいたのだ。

「いや、猫たちが僕にくれた幸せの量を考えてみろ……。朝瞼をまくられるから不健康の原因だった昼夜逆転は治ったし、カーテンから鳩尾にダイブしてくるから腹筋もついた、猫たちが誤飲しないようにと気をつけていて気づいたら部屋を綺麗に保つ癖もできた、トイレも掃除させてもらってるし、寝る時もベッドから落としてもらえるので夏でも床のひんやりを味わえる、夜中僕がトイレに行けばみんなついてきてトイレが終わるまでばっちり監視される……。

こんなに幸せにしてもらっていて、何が【恩返し】だ！　まだまだもらった幸せの1％も返せてないじゃないか！！！　バッキャローーー！」と。


そう、実は僕はマンションを買ったその翌日には既に、注文住宅で「猫と音楽家が暮らす理想のお家」を建てようと構想し始めていたのだ。マンションはあくまで通過点。家を建てるまでの急場しのぎなのだ。僕は決してお金持ちなわけじゃない。余裕があるわけでもない。でも、僕がやれることを全力でやれば、それが最高の幸せへと直結する。

それぞれの環境の限界を猫に尽くす。それが猫と暮らす「下僕」に与えられた、いや、与えていただいた使命、役目なのだ！

猫マスターというおそれ多い名前で呼ばれている以上、生半可なことはできねえ。やるならとことん！　尽くさせていただきます！！！

つまるところ、

猫マスター＝下僕

同義語なんだ。さしずめ下僕のボスといったところ。

世の中の下僕に、僕が下僕代表として見せつけてやりますよ。本物の、下僕の心意気をな！

僕たちの理想の暮らしを実現するために、猫たちへの恩返しパーセンテージが1%からせめて1・2%くらいまで上がるように、僕の、いや、猫マスターの、いや、「下僕」の、猫たちへの恩返しの物語の大事な1ページ、壮絶な「猫と音楽家の暮らす理想のお家」作りが、始まる。

猫マスター、無茶言ってハウスメーカーを困らせる

本書には登場しない実家のすんぴ（左）と村松くん（上）。彼らも捨て猫野良猫だった。

下僕の恩返し Part3

まだ続くトラブル！ 猫マスター号泣の事件勃発!!

ニャンコアルバム

下僕の恩返し Part1

猫マスター、無茶言って ハウスメーカーを 困らせる

注文建築で一戸建てを建てる!
と決めたものの、
そこはこだわりが人一倍強い猫マスター。
猫愛あふれる無茶な要望に、
ハウスメーカーもたじたじ・・・。

猫マスター、猫様のために家を建てる

突然の発表になりますが、私、猫マスター響介、この度、満を持して……。

猫のために！　家を！　建てます!!

マンションを持ってるくせに、なぜここにきて注文住宅を？
ええ…数年前に…買いましたよ「マンション」をね。猫たちを走らせたい一心で、その思いだけで25歳で１００平米前後のマンションを買いました。
しかし、今回は一戸建て！！！！　いや、完全注文住宅の一戸建てを！！！　**ゼロから建ててやる!!　なんかもっと広くしたいし！！（アホ）**
理由は簡単だろうが！　猫のためだよ!!　**猫様を幸せにするためだよ！！！！　わ**

かんだろそんくらい！！！

僕は「猫マスター」を名乗り出したその時から、30歳までには注文住宅で猫たちのために本気で奴隷化……もとい、心からすべて全力を尽くすと、強く強く思っていました。一日たりとも揺らぐことなく。

どんな家に住んでいる時でも「猫たちを最強に幸せにできる空間作り」を目指して生きてきました。ほんとそれだけのために働き、それだけのために生きていました。そんな僕にとって、当時購入したマンションはあくまでステップの一つでした。完全に気の狂った話ですが（笑）。

「とにかく狭い家からみんなを脱却させたい！」そんな思いで引っ越しました。

しかし、**「階段があり、2階建て、可能であれば3階建て、仕切るドアもなくどこにいようが猫が自由についてきて、自由に移動できて、自由に走り回れるオシャレなお家！」**。そんな家を作りたくて、たまに「こんな家にしたいな〜」とか紙に書いてみたりとかしながら、目標達成のために一生懸命働きまくりました。

とにかく稼いでとにかく頑張って、その甲斐あって、ついに、家を建てられます。

みんな、待たせたね。階段、猫専用のスペース、楽しみにしてろよだぜ……。

今までの住まいでもいろいろな思い出があります。

なんやかんやで楽しかったワンルームのボロアパート。野良猫保護猫から始まって、貧乏な野良の作曲家（ぼく）に引き取られ、当時はほぼワンルームのボロアパート暮らし……。

当時の年収はそりゃもうゴミカスのような感じでした。でも猫たちのものを揃えることだけには余念がなく、リボ払いで猫グッズ買ったりしてました。

狭いお家でみっちりみんなで過ごしてたね。今振り返るともっともっとしてあげられることもあったし、今の僕からしたら信じられないような環境だったかもしれません。

でも、この時のおかげで、みんなで僕を囲んで寝る癖がついたのかなとか思ったり。

でもね、たくさん走らせてあげられなくてごめんね。ものがたくさんで、気を使って走らせてごめんね。

でも、我が家の猫たちが僕の私物を壊したことは、一度もないんだよなぁ。

いい子たち揃いでほんとに幸せだ。

疲れて帰った僕を心配しようにも狭くて、何をどうしても定期的に猫ザイルを結成しちゃってたのはいい思い出。

そんな牢獄のような空間で数年過ごさせてしまいました。しかし、その数年で、猫たちの力99％ですこぶる仕事の調子も良くなり、なんやかんやで気づけば分譲マンション購入。

自分の持ち家ができた途端、一気にいろいろやりたくなって（猫たちの）寝室に可愛いベッドを置いたり、DIYで木を生やしたり、テレビ見てる時も猫見てたくて壁作ったり、IKEAのベッド買ったら何かの合宿所みたいになったり……。

みんなを外に出してあげたくて一部屋をぶっ潰して庭を作ったり、猫部屋を作ったり、たくさんしたね。

何をやって猫たちを喜ばせようとしても、

「本当は縦横無尽に階段使って鬼ごっこしたい」

「上下左右すべての空間を猫にプレゼントしてあげたい」

そんな思いを払拭できることはありませんでした。

だから、気づいたんです。**もう、建てるしかねーんだと。**

だから絶対やってやるぜ。有言実行の男でいたいから！　人に嘘はついても、猫たちに嘘はつきたくないから〜〜！！！！

猫のためになんでもやれる！！！　やる！　一軒家丸ごと猫たちのための建物！

もうこれからは「猫部屋」とかそんな概念すらない！！

「家」が「猫部屋」！！！ 存在する空間はすべて猫たちのもの！

僕はこの日のためにありとあらゆる情報を集め、死に物狂いでお金を稼ぎ、疲れが限界に達したら猫たちの匂いを嗅ぎながら肉球マッサージを受け、落ちてる髭をケースに保管したりグルーミングした毛を丸めてポッケに入れてみたり腹に顔を埋めたりしながら、頑張れたのです。

僕は猫たちにたくさんの幸せをもらいました。

いや、たくさんなんてもんじゃありません。素敵な人生をプレゼントしてもらいました。世界で一番幸せな男にしてくれました。

そんな幸せをもらうだけもらって、何も返せず男を語るなど言語道断である！

決めたのだよ！　お前らに恩返しをする！！

派手にな！！！　絶対にだ！　待ってろ！　みんな！！！　幸せを２００㎞の速度で投げつけてやるぜ！！！！

音楽家と猫たちが暮らす理想のお家10個の絶対条件

さて、「家建てるぞ！」と決意したものの、建てばなんでもいいってもんじゃありません。僕が建てたいのは普通のお家ではないのですから。

やたら凝り性の僕。もちろん、やたら無駄なこだわりが大量にあります。そりゃもう信じられないくらい。

ほとんどが猫のためですが、僕自身のお仕事のしやすさなども考慮し、おしゃれかつ猫たちが幸せに過ごせて、僕も楽しく働ける最強の家を目指します。

猫マスター僕には、猫たちと暮らし出したその時から

「猫マスターの考える

音楽家と猫たちが暮らす理想のお家」

の理想像がある。マンションでもアパートでも思い描き、いろいろ試してみたが、やはり限界がある。普通ならそこで諦めるだろう。しかし、僕は猫マスター！　全力投球が基本である！　ならば！　家を建てて片っ端からすべて解消してやる！！！

　そのために、まず絶対条件を書き出すぜ!!

スケルトン（鉄骨）階段

　これこそ絶対条件。猫たちの健康な生活のために。僕の著書『猫を飼うのをすすめない11の理由』（サンマーク出版）等でも書いたことがあるが、猫は平坦な場所を移動する「横移動」よりもキャットタワーや階段などを移動する「縦移動」のほうが運動量が多く運動不足を解消し

階段はスケルトンにして、リビングは吹き抜けに。

やすい。運動不足だと老後に関節が弱くなってしまい、動けなくなって寿命にも影響が出てしまう。関節が弱くならないためにも日常生活でナチュラルに運動させたいのである！　一般的な階段ではなくスケルトンにしたいのは、上からも下からも横からも猫を見たいという僕の願望、そして、全方位から攻撃、追いかけっこできて、猫の遊び場としても使えるのでは、と考えたからだ。

要は空間を利用した巨大キャットタワー的な扱いである。あと、かっこいいしね。

とにかくでかい窓

ご存知の通り我が家には5匹の猫がいる。かつて住んでいたお家ではみんな窓辺に寝転びたいのに窓が狭くて、数匹が弾かれてしまうような光景がよく見受けられた。基本リュックが仰向けで寝てしまうので、スペースを無駄遣いするのだ。

カリカリーナCASAなどの二段ベッドを用いて、うまく全員が日向にいられるよう工夫していたが、1列横並びは叶わなかった……。

全員が少しのストレスもなく、気持ち良く日向ぼっこできるようにスペースに余裕を持たせ、全員**（僕含む）**が全力で伸びをしても事足りるようなサイズ感にしたい。

猫のサイズと僕のサイズを計算すると、約3m超えの窓を2つくらい設置できるとよさそうだ。つまり、窓だけでも2つで7m前後は必要ということか。柱や壁を入れると……一辺10m超えか。ふっ、広い家になりそうだぜ……。してみせるぜ！

とにかく最強の日向ぼっこをさせてあげたい。縦も天井いっぱいまで広げて、横もとにかく大きく、たくさんの陽を取り入れまくってみせる！

壁には猫が遊べるグッズを無数に（目指せMYZOO《マイズー》）

「猫は縦運動！」と書きましたが、階段だけではそれをドヤれるほどではない、ただの一軒家でも条件は同じになってしまう……。

そこで、ずっと夢見てきた猫家具MYZOOを無数に設置してやるのです！

サンシャイン池崎さんのご自宅にもあったりして、知る人ぞ知る、いや、めちゃ有名だが、僕をきっかけにさらに有名にしてやるぞという気概Maxの猫グッズ。

MYZOO 六角ハウス キャットステップ。MYZOOホームページより。

ハウスメーカーのオプション等でキャットウォークや猫関連の設計などもたくさんあるのですが、あまり好みでなかったり、意外と融通が利かなかったりして、僕の理想はクリアできなさそうなのです。

そして僕個人的には、カリカリーナ、necosekai、MYZOOさんのように、猫のために命かけてるような企業さんのグッズを取り入れた上で家の設計をしていきたいのです。一般的なECサイトなどで購入できたり、既存の家に取り入れやすい猫グッズのほうが、この本を読んでくださって「いい」と思った方も導入しやすいので、世界中の猫のためになると考えています**（マジで）**。

今回の家作り計画では「我が家の猫を世界一幸せな猫に」という願いとともに、この僕の経験、情報で、より多くの猫ちゃんたちが幸せになって欲しいという思いもあります。要は、めちゃくちゃ金かけた猫グッズの宣伝ハウスでもあるということです。

おしゃれな空間としてのイメージは崩したくない

お部屋全体を猫のために設計はするが、キャットタワーやキャットウォーク、猫グッズが散乱しているような「The猫御殿」のような感じではなく、あくまで人間から見てもかっこいい空間、なのによく見たら猫たちのためにめちゃ考えられているやん！というお家にしたいのである。**忍者屋敷的な（ちょっと違う）**見渡す限りキャットウォーク、おもちゃ、爪研ぎが置き散らかしてある感じは避けたい。そんな感じの猫ハウスは意外とよくありますしね。

僕は猫が大好きで猫のために生きていますが、持ち物にやたら肉球のものがあったり、猫柄でまみれた空間みたいなものは特に好きではないのです。**なぜなら僕が好きなのは「猫柄」ではなく「猫」本体だからである！**

一見すると、**「あれ？ この家ほんとに猫ちゃんいるんですか？」**くらいの家なのに、よく見たらめちゃ猫御殿!! てな感じを目指したい。

日当たりもよく、猫たちの追いかけっこにも最適。人間からは姿を隠せるのに、猫から人間はしっかり見えて、くつろげるようなスペースを作る！ そこに猫グッズたくさん！ ウホォ**（猫の気持ち）**。

できれば3階建て

マンションでひたすら横移動の追いかけっこはさせてあげた。

次は……上下左右すべてだ!!　3階から1階まで駆け抜けられるような家を目指す！

みんな、家中が鬼ごっこのステージだぜ。体力つけとけよ。

……しかしこれ、いろいろ調べるとなかなか難しそう。建築基準法や建てる場所の影響を受けそうだ。

しかし、僕は猫マスター。違法なことはせず、どうにかクリアしてみせる！

できるだけ家中のドアを少なくしたい。もう僕と猫を隔てる壁なんて、玄関のドア以外いらないんだぜ。

玄関や僕の仕事場をのぞいて、猫がどこでも自由に行き来できるようにしたい（お風呂場や危険なところはもちろん完全ブロック）。少なくとも1階にドアは設けたくないのです。玄関以外は一つの空間にしてやる！

ということで、病気の時や、緊急時にキュッと一緒にいられるようにする空間（寝室等）以外、ドアなしにしてやる！

はしれ！　みんな自由にな!!　僕の顔面走るのはなしだぞ！

家で完璧にお仕事できるよう音楽スタジオ完備

元々僕は職業が作曲家のため基本自宅仕事ではあるが、大きな音を出すときは猫のストレスなどを考え、外に出たり、別宅で仕事をしたりしていた。完全防音の部屋を完備することで猫にバレず**（なぜバレてはいけない）**、作業することができるようにしてやる！

音楽家夢のマイスタジオである。より音が出せるようレコーディングのブースなんかも作れたらいいなと。ハウスメーカーオプションである防音工事はプロ的にはまぁあってないようなものなので、普段からレコーディングスタジオなどを作っている本物の業者にお願いしたいと考えています。

ただ、お金バカみたいにかかりそうで怖いのである。猫の夢も僕の夢も叶えちゃおうという算段である。これに関しては、猫予算が圧迫してきたら即座にやめてもいいと思っています。別にパソコン1個あれば仕事できるし（舐めてるわけではない）。

やたら光らせたい

猫をより可愛く撮影するため、そして家をとにかくかっこよくするため、間接照明を死ぬほど設置したい。はっきり言うが、これは完全に僕の趣味である。照明好きなのでそこはこだわりたい。

猫＞＞＞＞照明＞＞＞＞僕の暮らし

スーパー広々LDK

これだけは絶対に譲れない条件。目標は最低30畳以上！　一軒家にすることだけに重点を置きすぎて、元いたマンションより狭くなったら意味がないのだ。つまり、マンションで過ごしていた横移動分以上の空間を確保するため、1階の無駄なスペースをすべてなくしてＬＤＫ一本化を狙う。

しかし家は坪単価で値段が変わっていくのだ。デカくなれば、もちろんそれだけどんどん高くなる。構造などの制限で、これを実現してくれるハウスメーカーはかなり限られてしまいそうだが、それを叶えてくれるハウスメーカーにお願いするんだい！！！

猫たちだけでなく、僕も一緒に走り回って息が切れるくらいのデカさにはしたい。天井もできるだけ高めにしたい。そして何より「猫たちがより高い位置にいられる」

ようにしたい。天井高は、一般的には２４００㎜〜２５００㎜くらいが多いそうだが、それより高くしたい。

吹き抜けにキャットウォークなどをバーン！　なども検討していたが、メンテナンスの観点や、空調の効きにくさもあり、広々空間プラス吹き抜けだとかなり寒くなってしまう可能性がある。せっかく広くても体調崩してしまっては元も子もないので、これは一旦却下。猫たちにとっては普通の天井高でも十分だしね！

とにかく通常の天井の範囲より少し高めで、空調など環境作りは徹底できる最低限の天井高を目指す！

さあ、以上の条件を叶えてくれそう、かつ、予算的にもクリアしてくれそうなハウスメーカーを探すのだ。なんとなく自分でイメージしたお家の間取りを手に、住宅展示場のモデルハウスに片っぱしから突撃！　果たしてこんな無茶な家にゴーサインを出してくれるハウスメーカーはあるのだろうか……。なんかない気がしてきたぞ……。

いや、弱気になるな。やるんだ。やるしかねえんだ。猫たち、待っててくれよな……。

猫マスターが選んだハウスメーカーは？

勝手な理想の家を書き上げました。すべて叶ったらかなりイカれた？　派手な家になりそう。しかしできる限り多くの理想を叶えていきたいのだ。どれだけ理想を叶えられるのかは担当さんや、その会社にもよります。出会いも大事、それを見極める目も大事。そのためには信頼できるハウスメーカーと出会わなければいけません。

まずはネットで調べ、自分の好みにも合っていて、安心感もあり、僕の理想を叶えてくれる可能性がありそうなハウスメーカー7社を選び、モデルハウスを訪ね、営業さんに会ってきました（いろいろよいところがあるのは承知していますが、実際にモデルハウスを訪ねられて、予算にも見合うところで選びました）。それぞれのメリット・デメリットを比較し、真剣に検討した結果、決めたのは……。

「フミフミホームズ（仮名）」

理由は簡単。**「普段はオフィスビルや高層マンション開発とかばっかりしてる会社なので、高級マンションのような内装を得意としていて、キッチンや建具、細かい仕様が、マンション仕様のハイグレードなものが標準で入っている」**ということです。

ここなら、ある程度コストを抑えつつも高級感も出せそうだし、猫たちのためのわがままをたくさん言っても融通が利きそうです。

実は、契約前の打ち合わせで「こんなお家にしたい！」というネットで拾った参考画像を数枚持っていったのですが、なんと7割強がフミフミホームズの物件でした。

「え、じゃあフミフミホームズにお願いすれば理想の家になるやんけ…」

ということで、割とサクッと決めちゃいました。担当さんも、「言ってくだされればどんなことでも対応しますよ！　多少の無理でも必ず抜け道がありますから！」みたいな感じで、信頼できそうだったのも決め手です。嘘でもこのくらい言ってくれたほうがなんとなく安心できるタイプなので（笑）。

フミフミホームズはどちらかといえば、割合高い部類にはなるのですが、、、。満足いく家を建てたい、そして高級感も欲しいし、猫たちのための空間も欲しい。間取りもある程度相談に乗ってくれて、防音工事を外部の業者の施工にしても大丈夫だった……などなど、いろいろ含んだ結果、総合点的にフミフミホームズになりました。

正直「猫のために！」といくら言っても、家自体のクオリティが高いに越したことはないので、まずはしっかりとした安心かつサポートのあるハウスメーカーを選ぶべきだと思いました。

間取りや細かい部分は融通を利かせてもらう必要はありますが、「猫用オプション」みたいなものに関しては、猫グッズをこちらで揃えていたり、部屋の形などでよくしていきたいので、そこに関してはさほどこだわりませんでした。DAIKENの取り扱いがあればキャットウォーク等はありますしね。

僕は僕なりの思考を凝らして、独自性がありつつ皆様でも真似ができるような、我が家の猫の幸せを他の家にも共有できるような家を目指します！

走り回るみんなを想像するとにやけちまうな〜。

ついに図面打ち合わせの日が来る

ついにきました。家を建てるのに一番のメイン。**図面での打ち合わせ。**

もちろん、僕自身初めての注文住宅。どうやって打ち合わせが進んでいくのか、見当もつきませんでした。木材一個一個、選んだりするのか？　見えない配線、配管など何から何まで全部指示を出すのか？　既製品はどこまで選べるのか？　……何もわからないままスタートしました。

最初に、営業さんからこう言われました。

「自由に好きな間取りで、やりたいように、手書きで構いませんので、理想の図面を描いてきてみてください。それを元にこちらで図面に起こして、細かいところを直していきながら、理想に近づけていきましょう！」

1階

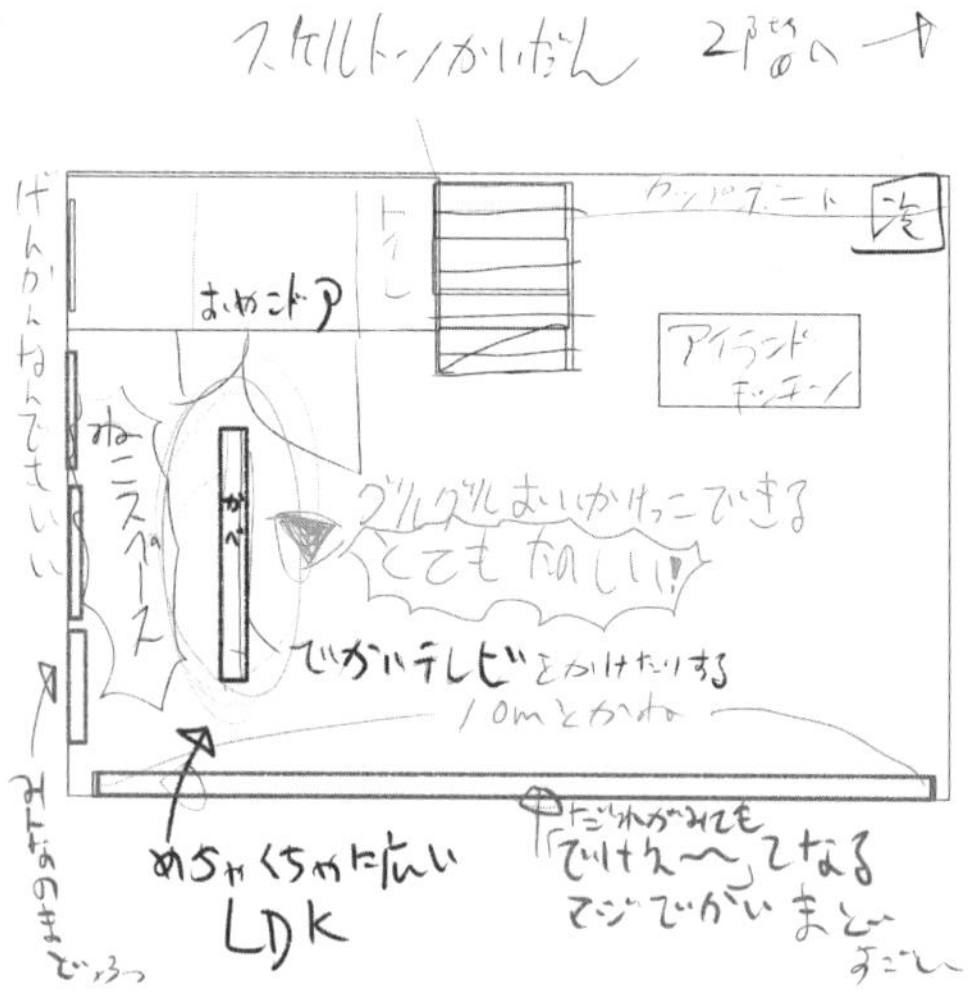

ほう……自由に、だと？

それ、猫マスターに言っちゃいけないセリフNo.1な。

ということで……。画力ゼロの僕の書いた図面がこれ。自由にと言われたので、とにかく理想を描き上げました。

うーん。我ながら……**字が汚い（多分問題はそこじゃない）。**

建築上必要な柱や間取りは無視して、坪単価でおおむね計算した予算から最大にデカくできる空間に、LDK、仕切り一切なしの広々空間を描いてみた。一般的なLDKの2倍近くはある、すごい広い空間のはずなのに画力のせいでクソ小さく見える……。

1階の個人的こだわりポイントは、猫スペースをテレビ裏に作り、その部分にMY ZOOを設置、さらには猫たちが隠れたり走ったりできるようにすること。

他にもでかい窓、スケルトン階段。ふむ。押さえるところは押さえてあるな。あとは作るだけかな？

よし、9割完成だな（0・1割もいってない）。

続いて2階へ。僕の描いた図面が次ページ上。

うん。汚すぎて今自分で見てもよくわからない。

「すごい！」とか書いてるやん。すごいなこいつ。何畳かすらわからないゴミ仕様。猫のポイント以外のざっくり感すごすぎない？　もうちょいドアとか棚とか収納くらいしっかり描けよと思う **（これがのちに大変痛い目見ることになるのであった）。**

2階にスタジオやお風呂を設置することに。しかし、これものちに問題を巻き起こすことになる。

そして猫たちのための3階の図面が次ページ下！

2階

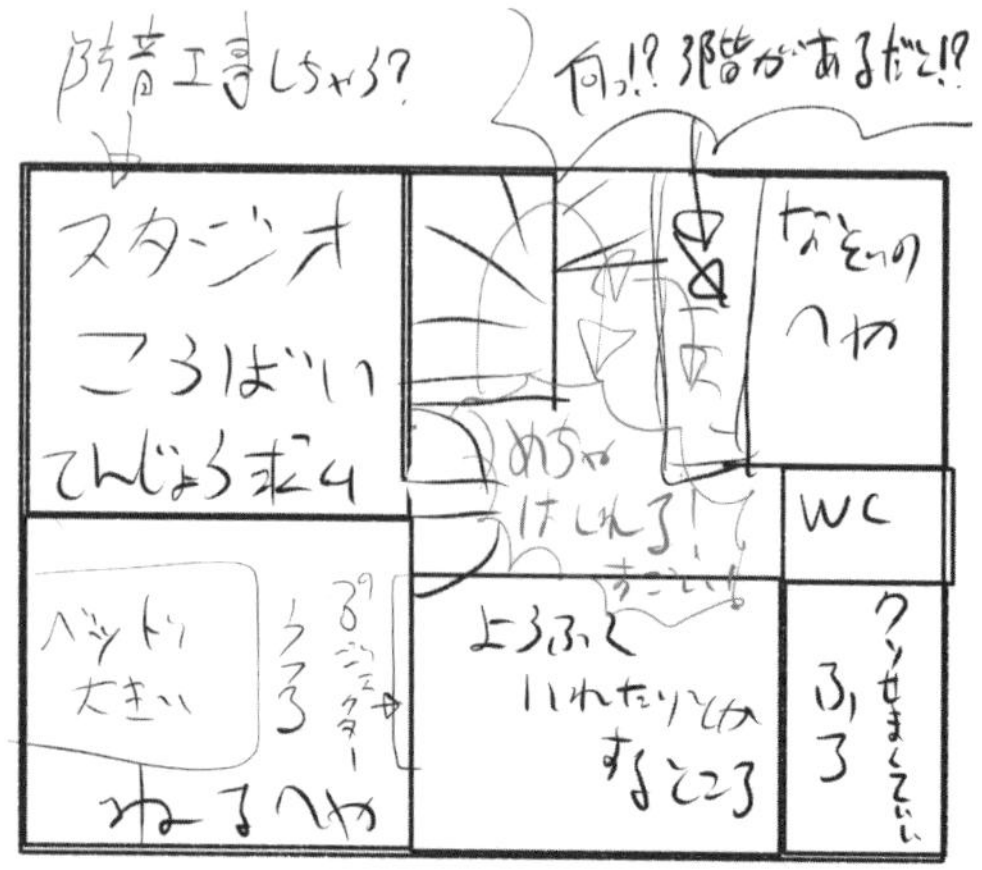
防音工事しちゃう？
何っ!? 3階があるだと!?
スタジオ
なぞのへや
WC
めちゃはしれる！
すごい！
ようふくいれたりとかするところ
ベッド大きい
プロジェクター
ねるへや
ふろ
クソせまくていい

3階

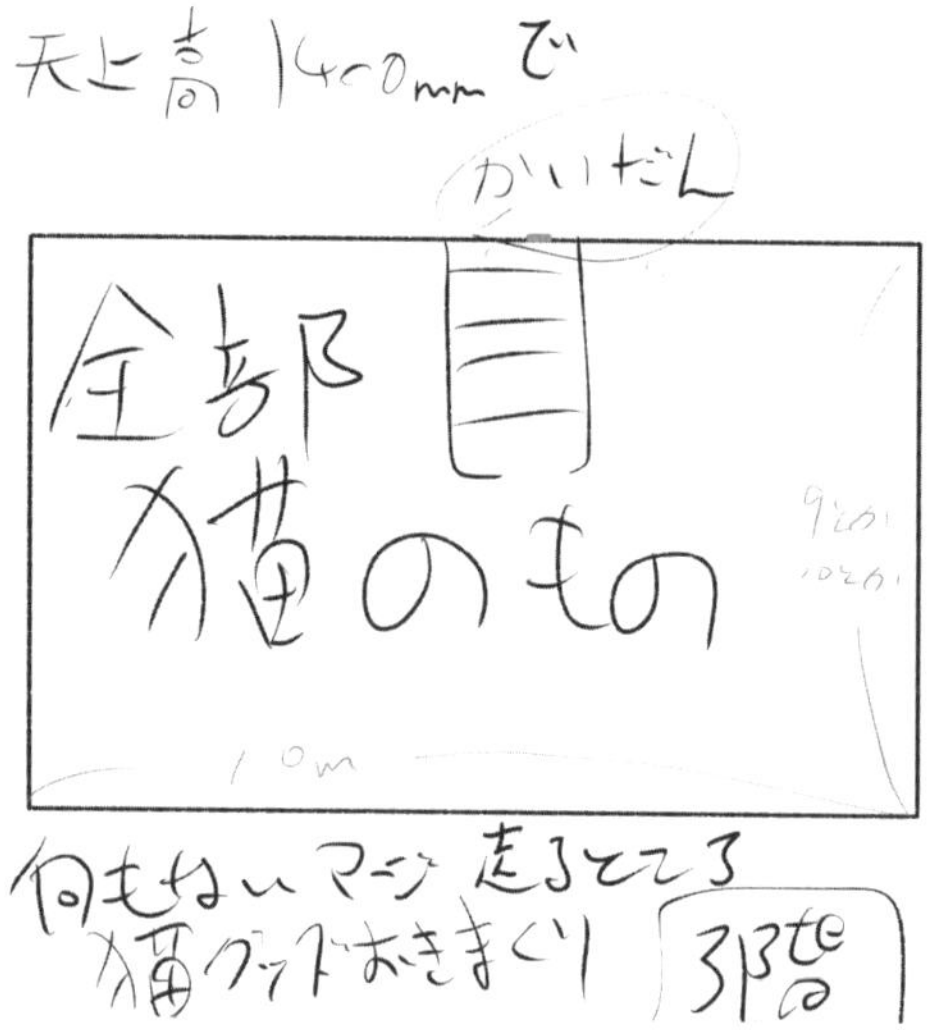
天上高1400mmで
かいだん
全部猫のもの
10m
何もないマジ走るところ
猫グッズおきまくり
3階

あーはいはい。アレね、**完全馬鹿ね。**恥ずかしくないの？　営業担当にこんなの送りつけて。**「マジ走るところ」**て、低学歴露呈しまくりやん。通信簿オール２だなこの子。

10ｍ×９ｍをすべて猫にプレゼントて、実現したら頭おかしいからね。ほぼ**50畳やん。……なのにしっかり建築基準の１４００㎜守ろうとしてるの可愛い僕。**知識を見せつけたいのかな？

こんなゴミみたいな図面を渡したところ、営業担当さんは、

「オウフッ……オッツ、ホァイ、りょうかいどうす」（震えながら）とのこと。

…………………うん、多分、この注文住宅失敗するな。

猫マスター”画力ゼロ“の図面が、ちゃんとした図面になる！

僕の天才画力の図面と、家で絶対にやりたいこと一覧を担当さんに渡しました。

「こだわり強すぎて、いろいろ面倒おかけします・・・」

「ここまで細部までこだわって最初に決めてる方も珍しいので、むしろやりやすいです！　やりがいあります！　僕も楽しみなんですこの家」

お、これは完全に当たりの担当な予感。僕は間取りも雰囲気も部屋数も色から何からほぼ決めていたので、打ち合わせはスムーズに進んでいきました。

いよいよ僕のこの手描きのゴミ図面が、ホンちゃんの図面になる。プロはどんな図面を作ってくれるのだろうか。子供の落書き以下の図面だから、さすがにしょっぱなは物凄い破綻しそう（僕の画力のせいで）。そして、実際に上がってきた図面がこちら。

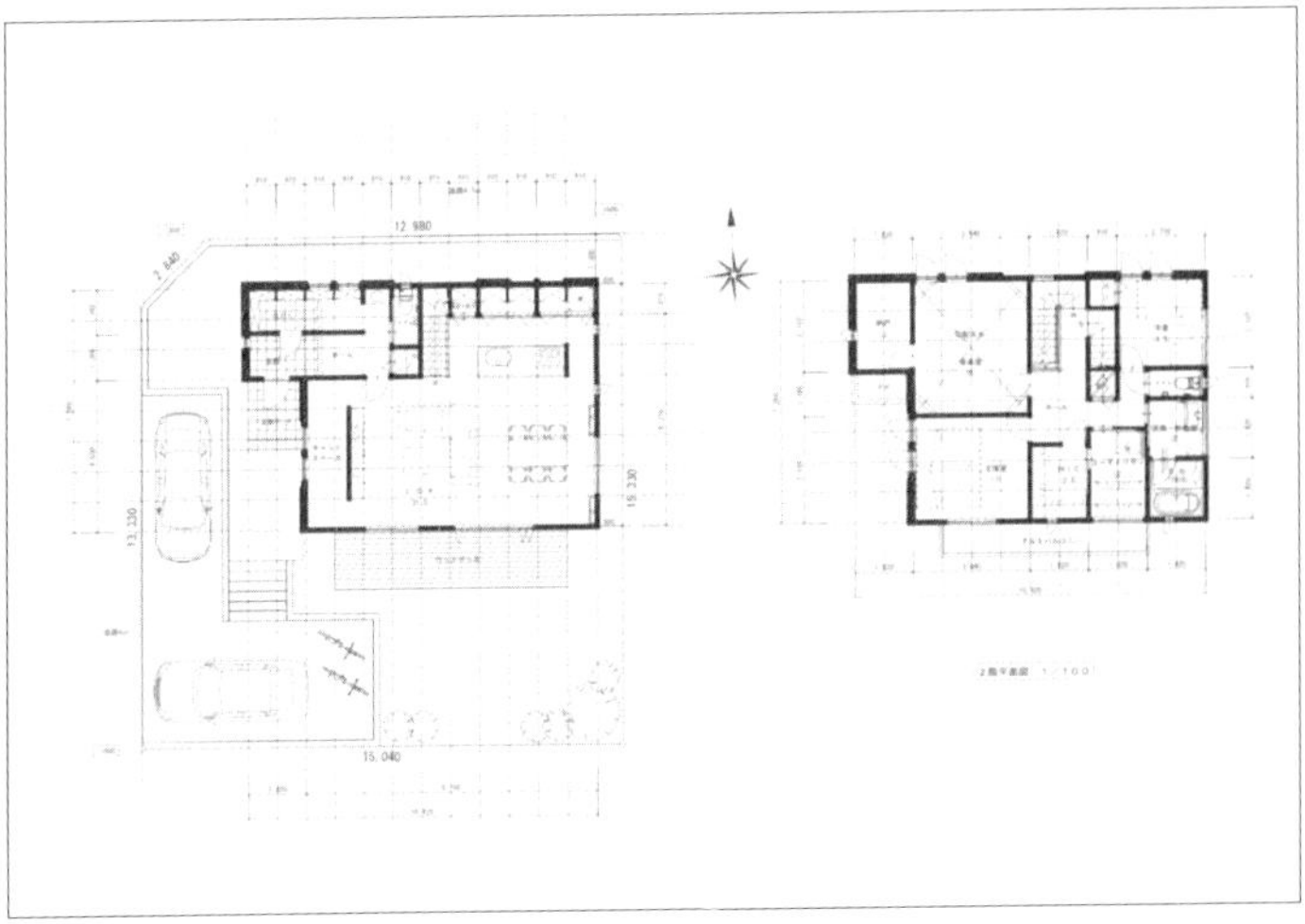

既にほぼほぼ叶ってる〜!!

そうそう、この広さにこの間取り!

猫たちのために考えられている〜〜!

すごい〜!　めちゃ見やすい!

ご存知ない方のために簡単に書くと、図面は四角いマス1マスが910㎜です。つまり約90㎝なので、5マスで4・5m、10マスで9mってな感じです!

リビングの一番長手の部分が約9m!(実際には壁の厚さなどもあるので数センチ狭くなります)。縦幅は7mくらいと理想より少し小さくはなってしまっているがまあよいでしょう!

気になる3階は?

建築の都合やら何やらの都合で、実際

に使える3階のスペースが少し小さくなってしまったけれど、3階があること自体がすごいのです！（というかそもそも2階の音楽室（スタジオ）を勾配天井にする時点で3階全部をスペースにできないことに気づけよ僕……）。

いやはやしかし！　なかなかにでかいぞ！　すごいぞ！　すごいぞ!!

ちょこちょこ叶っていない部分は指摘していけば解決していくでしょう！（僕の字が汚すぎるせいだと思う）。

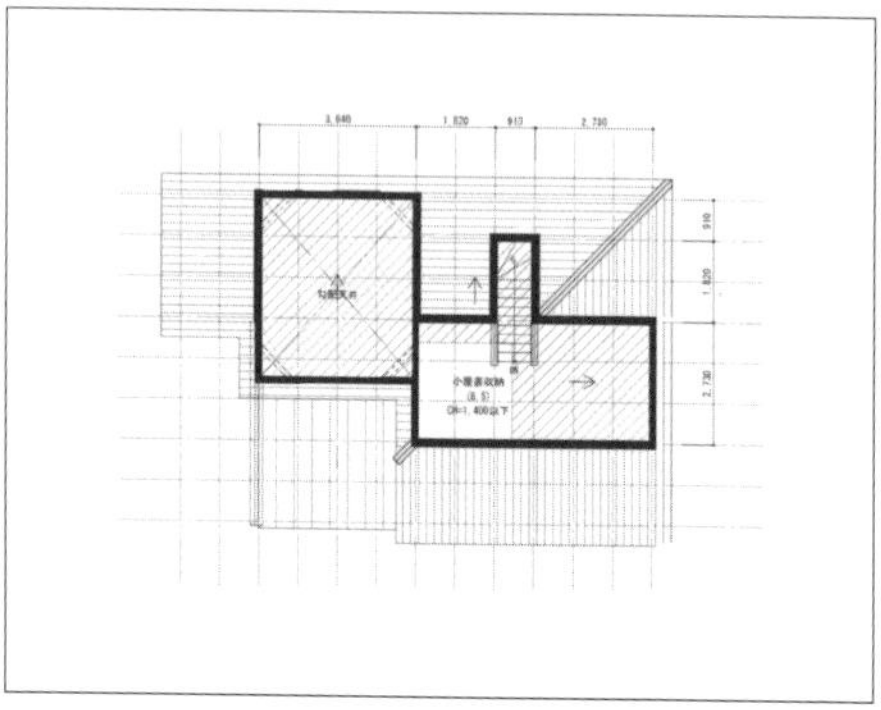

ほぼほぼ叶っている理想。

購入した土地がやたら無駄にでかいので（250平米近く）、予算無視したら建ぺい率守ってもある程度の大きさにできちゃう。なので、いっそのこと予算は全部無視してとにかく1回デカくしちゃおうぜ！　というアホ丸出し理論で生まれた図面では

あるが。

・30畳超えのLDK

広々まっすぐどーん！　家具を置いても猫たちが見渡せる〜！

・音楽室（防音施工は外部）

本業猫マスター、副業作曲家の僕にとってはなくてはならない仕事部屋！

・猫たち立ち入り禁止の洗濯エリア

これもこだわりポイント。室内干しをする際、柔軟剤などが気化して充満してしまうと猫によくないので（無論できるだけいい柔軟剤や洗剤を使っていますが）、室内干し用のお部屋と、ウォークインクロークは必須。

・広めの寝室

そりゃみんなで寝るからね。広いに越したことはない。ベッドを2つか、キングを置く。

・鉄骨階段

どこにいても猫が降りてくるのが見える位置に！

……などなど、盛りだくさん！　できるだけ「予算が〜」で小さくならないようにしたい。この理想は最低ライン。ここから何かを間引くようなことはしたくない……。

気になる大きさ、現状での延床面積は？

延床面積130平米！40坪！　広〜!!

今住んでいるマンションも鬼ごっこできることが条件で購入したため、結構デカく約100平米。それを1・3倍にして、2階建てにしたような感じです。

かなりいい感じ。

見積もりも同時に出してもらいましたが、オプションつけすぎてるためフミフミホームズの平均坪単価70万前後を大幅に超えた価格に。

一般的な一戸建ての平均的なサイズ感は

27坪〜34坪くらいらしいので、既に大分でかい。打ち合わせで何度も、

「家でかくしすぎですよ（笑）」

と担当さんに言われましたが

「いや、だってうち、猫5匹いるからね」

という暴論で乗り越えてきました。

だって猫5匹いるんだもん。走りたいんだもん。でかいほうがいいでしょ。

そして、偏差値の低い僕は思ってしまいました。

「広さ、まだ足りなくね・・・？」

猫マスター、家をもっとデカくする!?

前回の打ち合わせのあと、就寝時にふとこう思ってしまったのです。

「家、まだデカくできるな……」

現状で約30畳のリビング。すでに十分広い……。

「確かに現状でも十分デカいが……。もし建ったあと、思いのほか小さかったら?」

「待てよ?　もし猫5匹、家に入り切らなかったらどうしよう・・・?」

という**絶対にありえない**、意味のわからない謎の不安に襲われてしまった僕。

……たった数マスでもいいから、あまってる予算分デカくしておきたいな（いや、

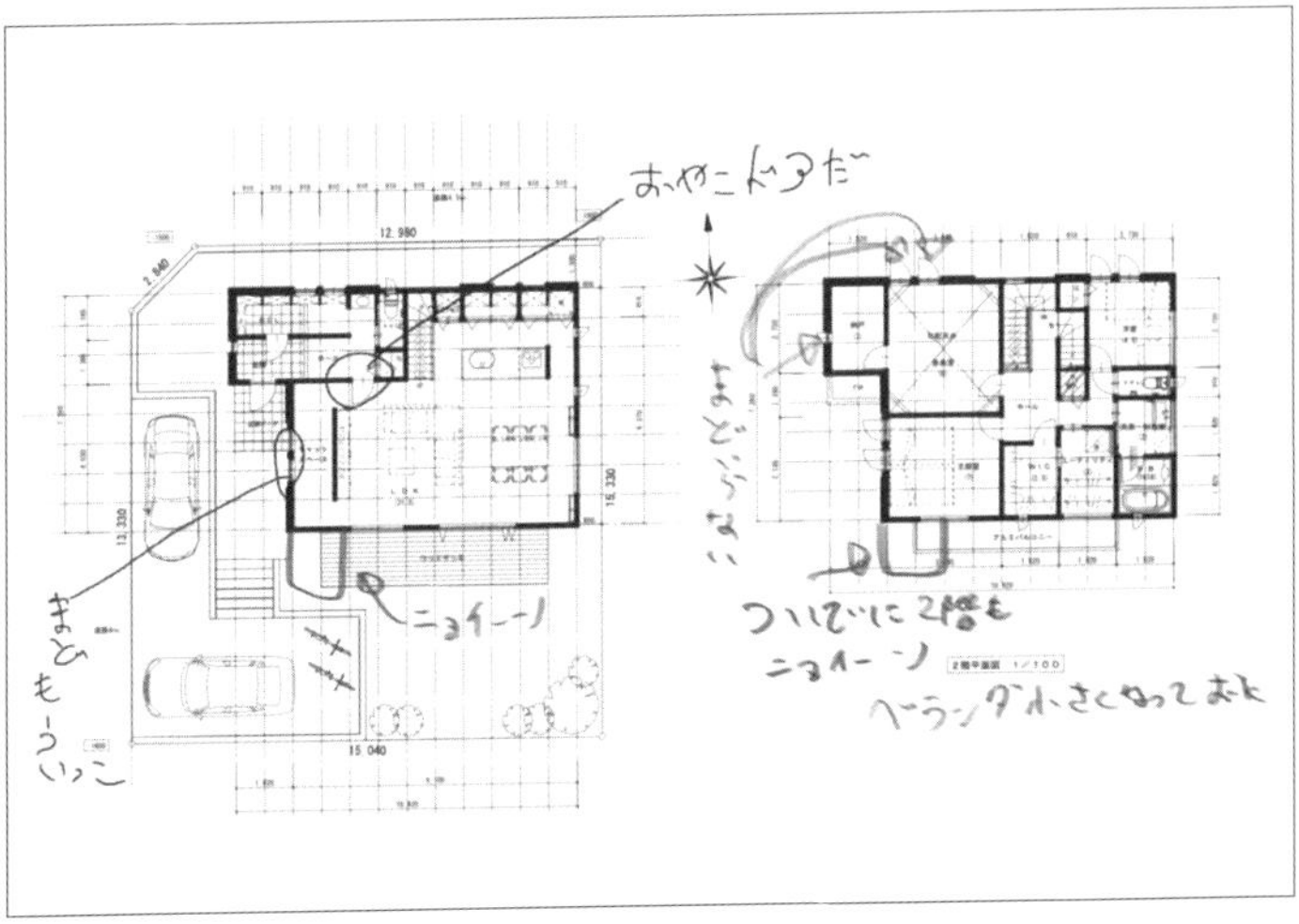

あまってる予算とかないんだけどな）。

窓の数やドアが**（おそらく僕の字の汚さのせいで）**反映されていなかったので、修正含みレッツ図面！　そこで僕が担当に送りつけた画像がこちら。

まあ、でかくするっていっても、ちょっとだしええやろ。

くらいの気持ちで送りつけてしまったけれど、今考えると、1〜2mデカくなるのを「ちょっと」とか言ってるあたり頭悪そう**（自分）**。しかも、**「図面で見て小さく見えるから」**という、想像力も知性も、品性のかけらすらない理由で。

いや、しかしな、大人が寝転べるスペース以上でかくなるんだぞ？　猫からしたら家1個分くらい広がるんだぜ？　それ、**最強に幸せじゃない？**

ちなみに3階にも意見を出しました。いくらなんでも小さすぎて**（といっても8・5畳はある。感覚が狂ってる。だって、紙の上だと掌《てのひら》サイズなんだもん）**もっと広くしたい。

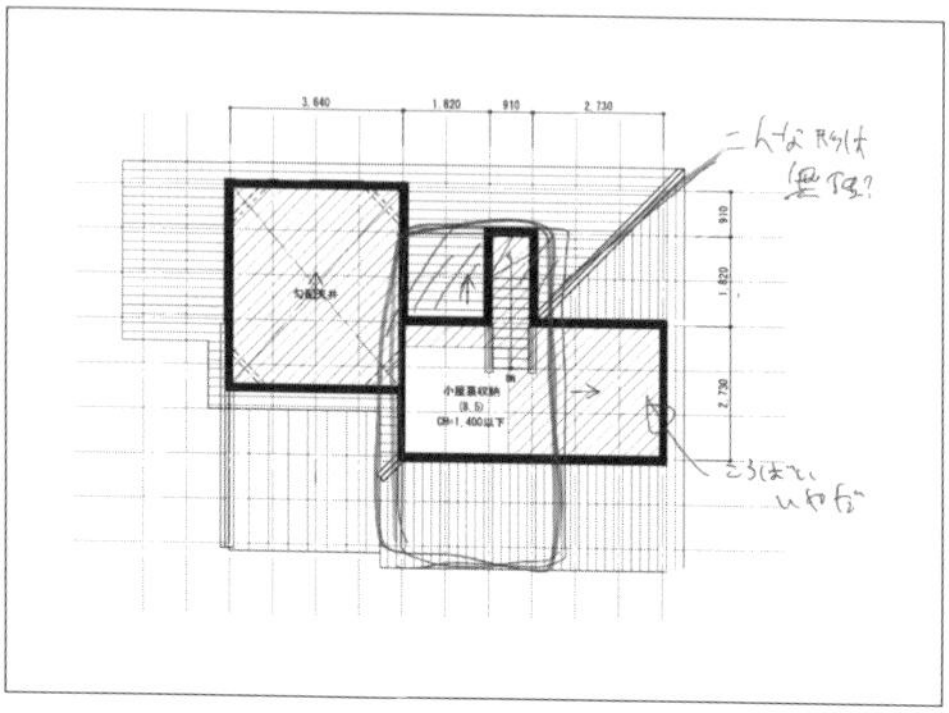

というか、小屋裏扱いにすることにより3階建てに成功しているので、天井高を1400㎜まで下げているのだ。そこからさらに天井が勾配で下がっていくと、猫的にはよくても、**猫と追いかけっこしてる時に僕が不利になってしまう。**だから、できるだけ天井の下がりを少なくしてもらいたかったのだ。

それを伝えた図面がこちら。

「こうばいいやだ」

これは要望や意見ではなく、もはやただの文句である。

そんなこんなで1階、2階、3階の図面に修正依頼を書きまくり、メールで送って待機していると、数分後、すぐに営業担当さんから電話がかかってきました。

「えっ!? まだデカくするんですか!? かなりでかいですよ!? まじで! バッ……本気、ですか!!!?」

(あれ? 今一瞬、バカって言わなかった?)

と思いつつも、

「デカくできそうならする。俺には・・・それしかねえんだ・・・」

と最後の戦いに行く兵士さながらのテンション感でゴーサインを出しました。

……でも多分、あいつ「バカ」って言った。

僕のわがままで実際に図面が変更される

待ちに待った次の打ち合わせで、図面にはこんなゾーンが追加されていました！

「猫スペースの横に猫を見ながら仕事できちゃうぞ的ぽっこり書斎ゾーン」

それに伴い、

「1階もぽっこりするならついでに2階もポッコリさせちゃえゾーン」

を追加。

寝室のそのぽっこりもなんか猫スペースにしちゃおうぜ計画。キャットタワー置いたりさ。トイレ専用のスペースとかケージ置くのもあり。

最高！ 素晴らしい天才的なアイデアだ。猫グッズも置ける、トイレも置ける。机があれば仕事もできる。高い位置に登れる窓なんかもつけちゃったりして、みんな喜

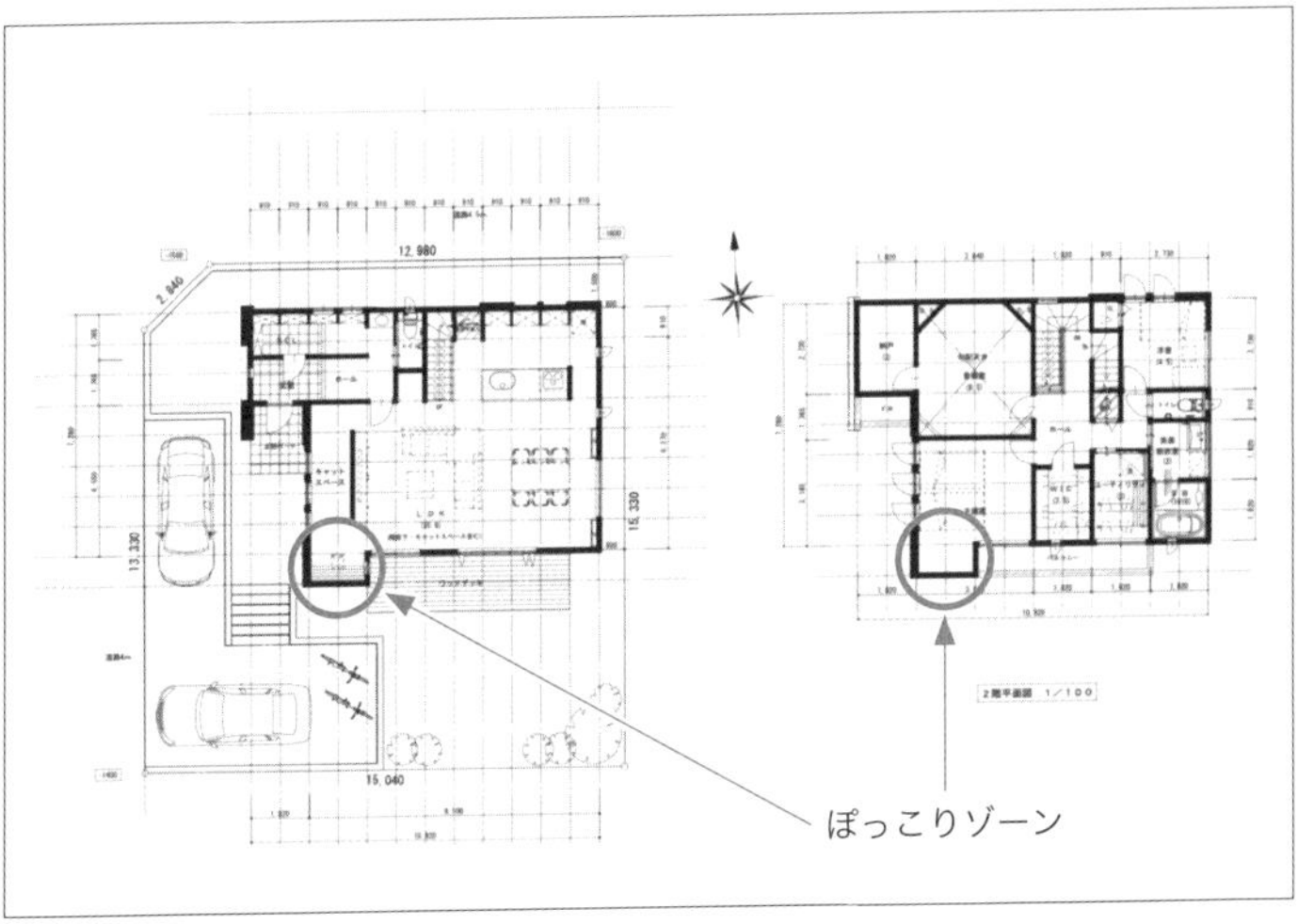

ぶぞ〜！

……こうやって改めて見ると、リュックたちと暮らし出したアパートはちょうど寝室くらいの広さだったかな。アパートまるまるが、たかだか寝室一室になってしまう。**まったく猫ドリームだぜ…。**あの頃は段ボールベッドにしてたりしたなあ。。

感傷に浸りつつ、絶対に実現させてやる！という強い意志が再燃した。頑張る！

さて3階は？

おお〜〜〜！形が縦に！ **……いや！ 8・5畳が7・5畳に!! 小さくなってるう〜〜〜！！！！**

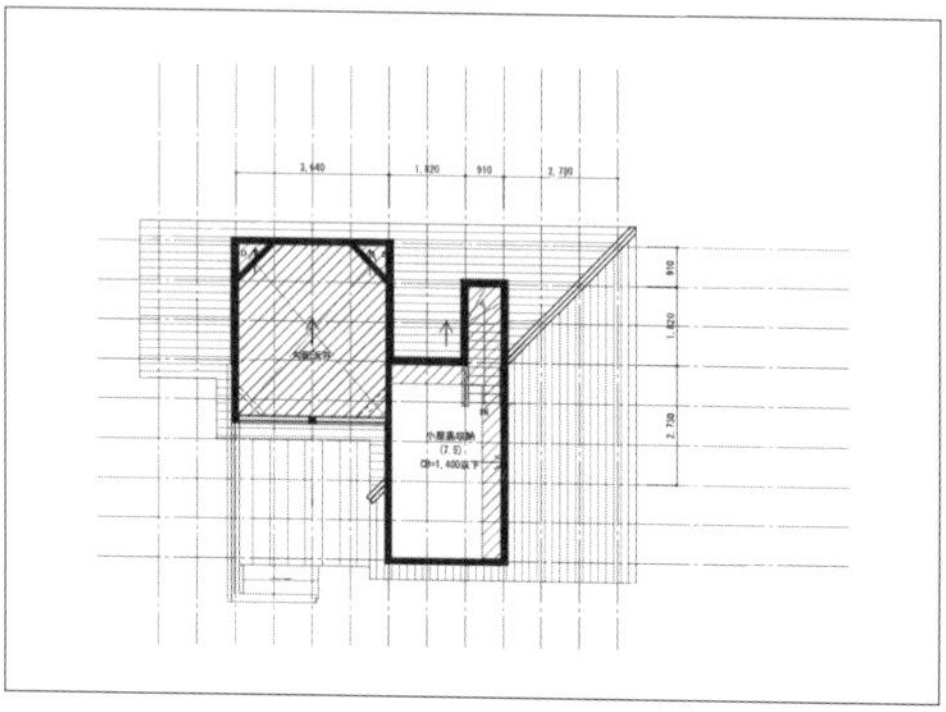

しかし、天井が高い部分は多い……。設計の都合で、部屋が大きくて天井が低いところが多いか、少し狭くなって天井が高いか、そのどちらかになってしまう。

トイレとか、掃除が大変になりそうなので天井高を優先することにしました。

まあ、3階はフリースペース。おまけというか、あったらいいね！　てな感じだったので、あることに感謝しよう！　というポジティブシンキングで打ち合わせを進めることに。

ただ、この通称「ぽっこり」（最後まで僕しかそう呼びませんでした）、**もちろん広くなるので坪単価は高くなります。**当たり前ですが。

あんまりお金に関して大っぴらに言いたくありませんが、オプション等の都合もあり、大体図面の2マス分で100万円くらい増える計算なので、2階も合わせるといとも簡単に200万円追加〜！　ひえ〜〜〜！　うちの猫に免じて**700円くらいにしてくれ〜！**　フミフミさん〜！

さらに外構の都合で周りが大きくなるとそっちも一緒に上がるので怖いことに……。

しかし！　デカくしたい!!（あほ）　だからデカくするのだ！！！（あほ）

猫たちが走れるスペースが増えればそれでいい!!　お金のことはあとで考えろ！

ということでバンバンデカくしていった結果、驚愕の延床面積に。

その広さ！　**約150平米！　45坪!!**

普通だと二世帯住宅でもいいくらいのサイズ感と言われました。

いや、そんなことよりLDKは！

35・6畳!!!　でけ〜〜〜!!!

「ほう・・・ここまでくると40畳にしちゃ・・・・」

と口走った瞬間、営業担当さんが、

「やめてくださっ…！　じゃなくて、

やめましょう!!! もうやめましょう!!!

でかいです! この家、めちゃでかいです!! 猫5匹、バッチリ入ります!!! 住めます!!!!」

と制止してきました。**心なしか涙目だった気がします。**

まあ、常識人の担当さんと、予算の狭間で程よい塩梅《あんばい》になったのでは? ということで、1階はほぼほぼ確定かな〜!?

ここまでで実は3ヶ月かかってます(ちょこちょこ気分でデカくするからだろ!)。ちなみに最初のイメージ図面になかった玄関部分のポッコリも実は1回目の打ち合わせ後に増やしてみたので、営業さんは僕から約3回、

「ねえねえ、僕、やっぱりもっとデカくする〜。だって猫5匹いるんだも〜ん」

を喰らっています。

最初は **「え!?」** みたいな感じだったのが

「あ、は〜い、猫ちゃんのためですもんね。おっけ〜です〜」

みたいに様変わりしていく様子はとても楽しかったです。

人はいくつになっても変われるんだぜ（まず謝れ）。

ようやく間取り確定と思いきや（きっと営業担当さんは何回か僕のこと殴りたくなってると思う）・・・青ざめた担当がとんでもないことを言い出しました。

よりによって一番のこだわりに大問題が発生！

数回の打ち合わせを乗り越え、憧れの注文住宅もだいぶ進捗してきました。ところが、ある日の打ち合わせの冒頭、青ざめた営業担当が震えた声でこう告げてきました。

「空間を広くしすぎた結果・・・天井が低くなってしまいます・・・」

「ええ〜〜〜！！！？？　一番こだわりたかった天井高がぁ？？　そしてフミフミホームズを選んだ理由の一つでもあったのに、結局下がっちゃうの！！？？　それならフミフミに頼みたくないよ！　なんなんだよ！！！　おい〜！」

と地団駄踏みながら子供のようにわがままを言う僕。

一体、どのくらい下がるのか？　２６００㎜が２５９０㎜にとかなら、かろうじて許容するが……。

「空間が広すぎるので、太い梁を入れて2450㎜〜2500㎜くらいまで下げないと支え切れないかもしれません。本当の本当の最終的な高さは建ててみないとわかりませんが、下がるのはほぼほぼ確定かと・・・」

マンションかよ！　マンションの天井高かよ！

どうにか天井高を下げない方法はないのか？　天井高は絶対条件なのだ。天井が低いお家だと一般的な建売り感出ちゃうというか、そこらへんのお家でいいじゃんって感じになっちゃう。気持ち的に。

なので、意地でも下げたくない……。

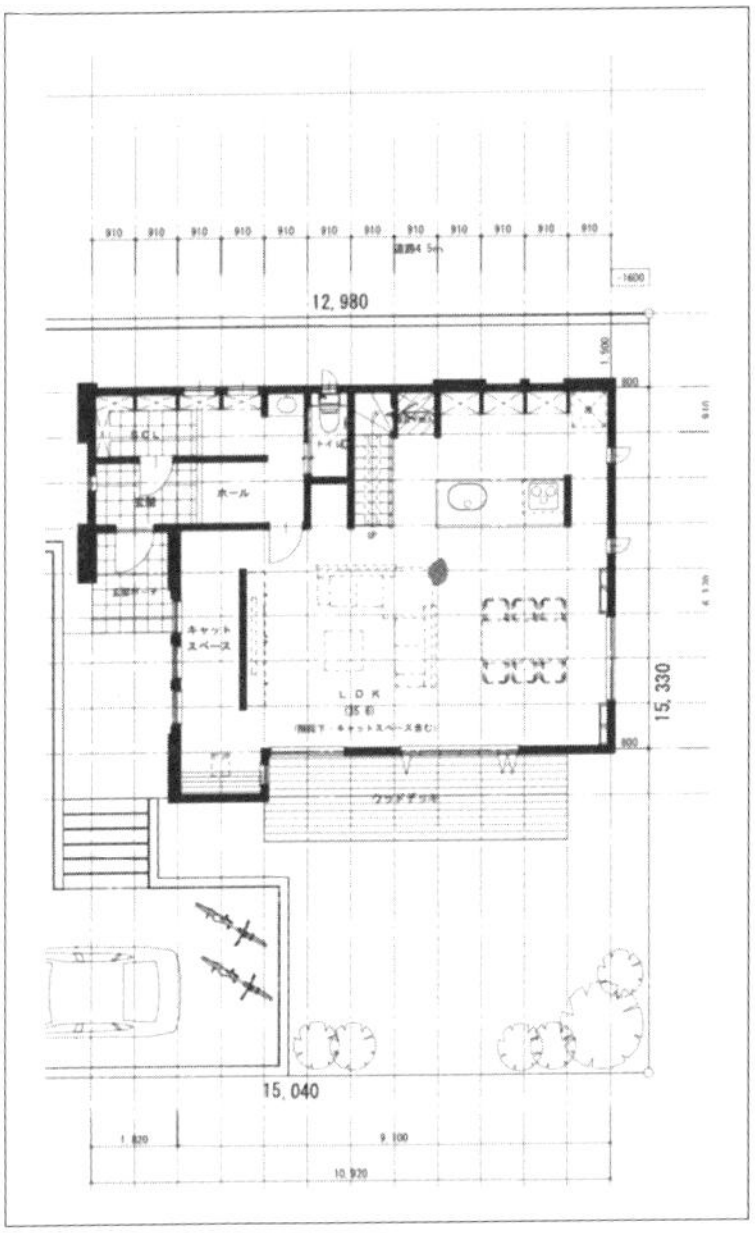

「天井を下げないようにするには、こういうふうにするしかないです……」

と導き出された「天井高を下げないアイデア」がこの図面。この●をつけた端の部分に、柱を設置！！

「ひえ〜〜〜!! 逆に絶対嫌だ〜〜〜！！！ 広々空間のど真ん中に柱!! こわっ！こわっ！！！ 死霊のはらわた〜〜！（伝説のホラー映画）」

とモデルルームで喚《わめ》き散らす僕。

中には家の中央に柱などがある家が好きな方もいらっしゃるかとは思いますが、僕は大嫌いなのです……。狙って入れたのであればもちろん全然いいのですが、構造上仕方なく入った柱なんて、日頃ものづくりをしている身として、すごく違和感があるのです！

作家の仕事で完璧な尺、完璧な楽曲ができたあとに、

「タイアップの尺に合わないから、最後に適当なメロと歌詞とセリフ足しときます」

なんて言われたら倒れます！　そんな気分!!

建築のことを考えりゃ、物理的にこんな広々空間と高い天井は両立できないのか・・・。しかし、両方叶えたい・・・。

初の問題発生。天井高やよくわからん出っ張り……これ、よくネットとかで見るや

つだ。突如として現れた素人じゃわからない建築の都合現象。

もはや形ごと全部変えるか？　いやしかし、そもそも部屋を狭くすることは絶対にしたくない・・・・。

そもそも、なぜこの問題が起きてしまったのか簡潔にまとめると、

1　空間が広すぎて全体を支える柱や梁がない
2　2階に水回りを持ってきているため通常より1階に荷重がかかる
3　2階にスタジオを作るのだが、防音工事で一部に数トンの荷重がかかる
4　スケルトン階段もどうやら都合に絡むらしい

そのへんを総合した結果、しっかり支えるためにはより強い梁を通すために天井が下がるか、真ん中に全体を支える柱を入れる、という選択肢に……。

営業担当さんに、

「2択になるかもしれません。天井を下げるか、柱か。……どちらにしましょうか？」

と言われましたが、

「嫌だ！　絶対どっちも嫌だ‼

やーだ！　やーだ‼　ばーか！　ばーか！！！」

とバカな子供みたいに駄々をこね、４時間くらいどうにかできないのか話し合っていました。

すると、ここまで死ぬほど僕により添ってくれていた営業担当がこう言いました。

「ここまでこだわってる響介さんの気持ちはよくわかるので、絶対満足いくようにどうにかしたい」

「設計士に、他に最善がないのかもう一度聞いてみます。もちろん、安全面を確保した上で、です。ここまでこだわられている響介さんが満足いく形になるよう、僕も頑張ります」

・・・・・しかし、ひねくれている僕は「どうせどうにもならねーだろ」と拗《す》ねていました（人間のクズ）。

営業担当が満面の笑みで「いいお話があります」

次の打ち合わせは翌週でした。着席すると、営業担当さんが開口一番、

「いいお話があります」

と満面の笑みで言います。

このタイミングでのいいお話とは、まさか・・・?

そこで机の上に広げられた図面には、

「天井高2600㎜確保」

と書かれていました。

営業担当を抱き締め……てはいませんが、**最高すぎるやん!**

こいつ（完全な年上）。**最強やん！！！**

ありがとう、ありがとう。広々ＬＤＫ！　高い天井！　間接照明！　うほ〜!!　これで不満点はほぼない家だぜ……。

なぜそんな無理がまかり通ったのか……。

実はフミフミホームズには「スペシャルパネル（仮名）」という、小学2年生くらいの子が考えたような名前の特殊な材があり、クソ簡単に言うと、大きな窓等をつける際に全体を支える力が弱まってしまって理想が叶わない、といった時に、壁の一部を「スペシャルパネル」に差し替えることで、耐力が跳ね上がるという化け物新素材があるのだ！

耐震等級はもちろん変わることはない（というかフミフミホームズは耐震取れないものは建ててくれない）ので、安全面もバッチリです。

うっほ〜！　これはマジでフミフミホームズにしてよかった!!　このタイミングまで「スペシャルパネル」の話をしてこなかった担当、憎いぜ!!

……いや、早く言えよ！　と正直思ったけども！

しかし、安堵したのも束の間、その天井高には補足条件がついていました。**実際に家を建ててみて、もしかしたら天井内部の配線等の都合で多少下がる可能性がある。**要は、天井裏に電気系統やその他配管などをどう通すのかによって、天井の厚みが多少前後するらしい。

そして、それはいざ家が建って、電気屋さんが配線をする段階にならないと、確定しないらしい。天井高２６００㎜を目指すけれど、多少下がる可能性だけは承知してほしい、とのことだ。

気になるのは「万が一下がる場合どのくらい下がるのか」である。

これで建ててみて、

「２４００㎜になっちゃいました、テヘッ。もうキャンセルはできませ〜ん」

なんて言われたら困ります。マジでお金の無駄遣い！　そんなことになったら**瞼《まぶた》まくるぞ！**　と脅しつつ（嘘です）、最低保証の天井高をたずねると、

「２５６０㎜は、絶対に確保できます！」

うむ、たった数センチ……。まぁ、広々空間を確保できるなら、そのくらいは最悪我慢しましょう！

ただ！　絶対2600㎜になるよう善処してくれ！！！

ということで、無事ことなきを得た天井高問題。椅子から立ち上がり喜びの舞を踊る安堵の担当、理想がすべて叶い涙する僕。

注文住宅、悪くねえじゃねえか・・・夢あるぜ！

乱舞する30前後のおじさん２人、お茶持ってきてくれたお姉さんまで巻き込んで喜んだ。普段より出されるお茶がうまい。悦びに満ち満ちたこの幸せ空間で、、、僕は突如としてあることに気づきました。

響介「・・・・ん？　よく見たら、キッチンの横の黒い線……。これ、壁ですか？」

担当「は、はい（ま、まさか・・・？）」

響介「いらない」

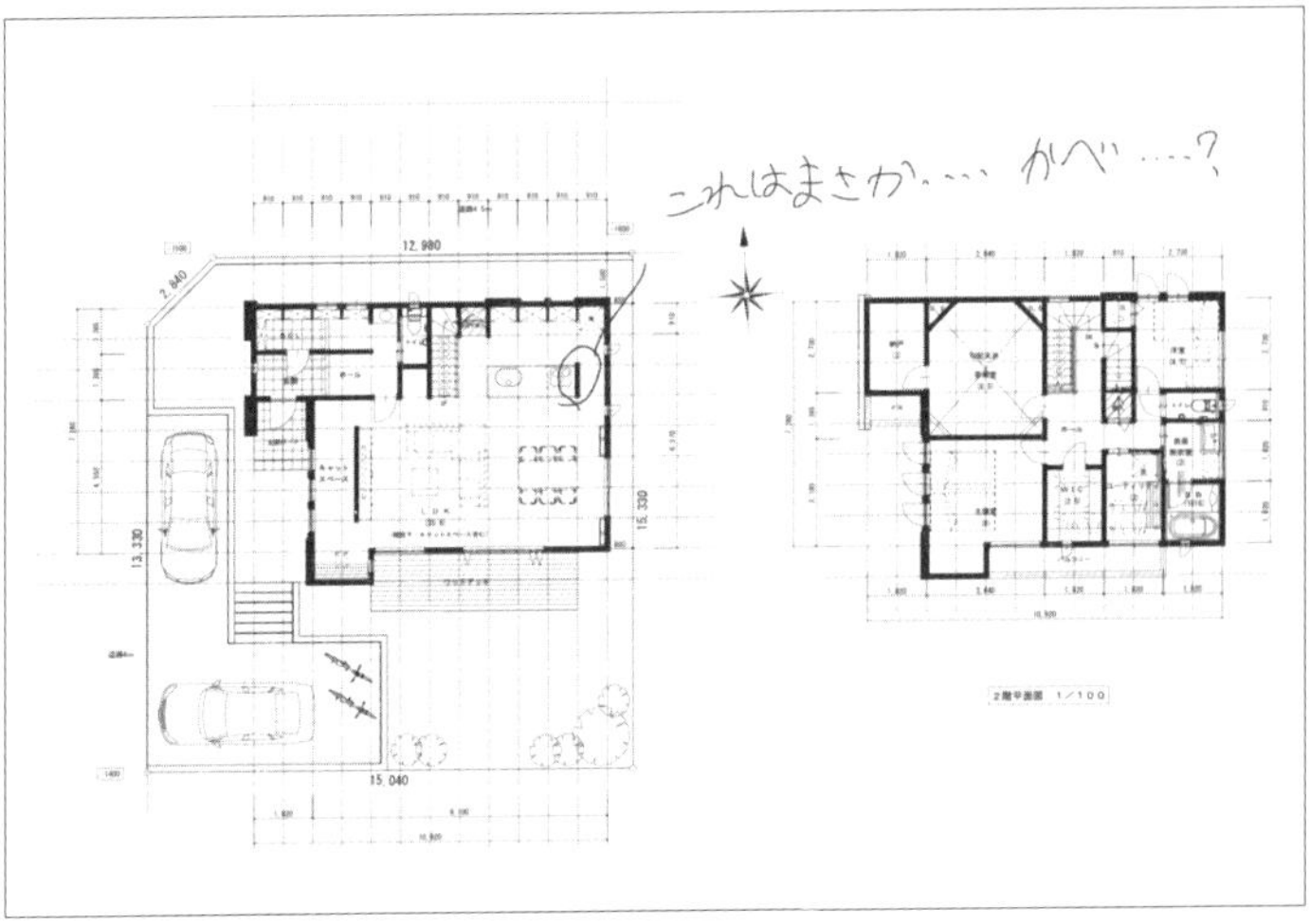

担当「エッ」

響介「いらない」

担当「・・・・・」

空間に柱や壁のない環境にしたいのに、アイランドキッチンの意味ねえじゃん!!! アイランドじゃないじゃん!! めちゃ隣国あるやん!! 国境が生まれる! そしていつか、そこから争いが生まれる! 人間は何て汚い生き物なんだ! 猫最高!

担当さんは白目をひん剥《む》いてました。

それでも譲らない僕。

何を隠そう、この壁があるからこそ、

全体を支えることができて、どうにかこうにか天井高2600㎜がOKとなったのでした。この壁がなくなるだけでまた全体の計算も変わっていく。設計とはそういうものなのだ（多分）。

しかし僕はこう思ったのだ。

「これ、いらない」

と。つまり**「これ、いらない」**のだ。

「これ、いらない」と思ってしまったが最後、僕の脳みそは**「これ、いらない」**に支配された。

ここまで幾度となく僕のわがままを見てきた営業担当は、

「ワカリマシタ」

と早口で言うしかありませんでした。

ここまで何度も奇想天外なわがままを叶えてくれた担当さん。次の打ち合わせで、最強のアイデアを持ち込んでくれました。

それは・・・リビング、ダイニングの天井高は2600㎜をキープしたまま、**キッ**

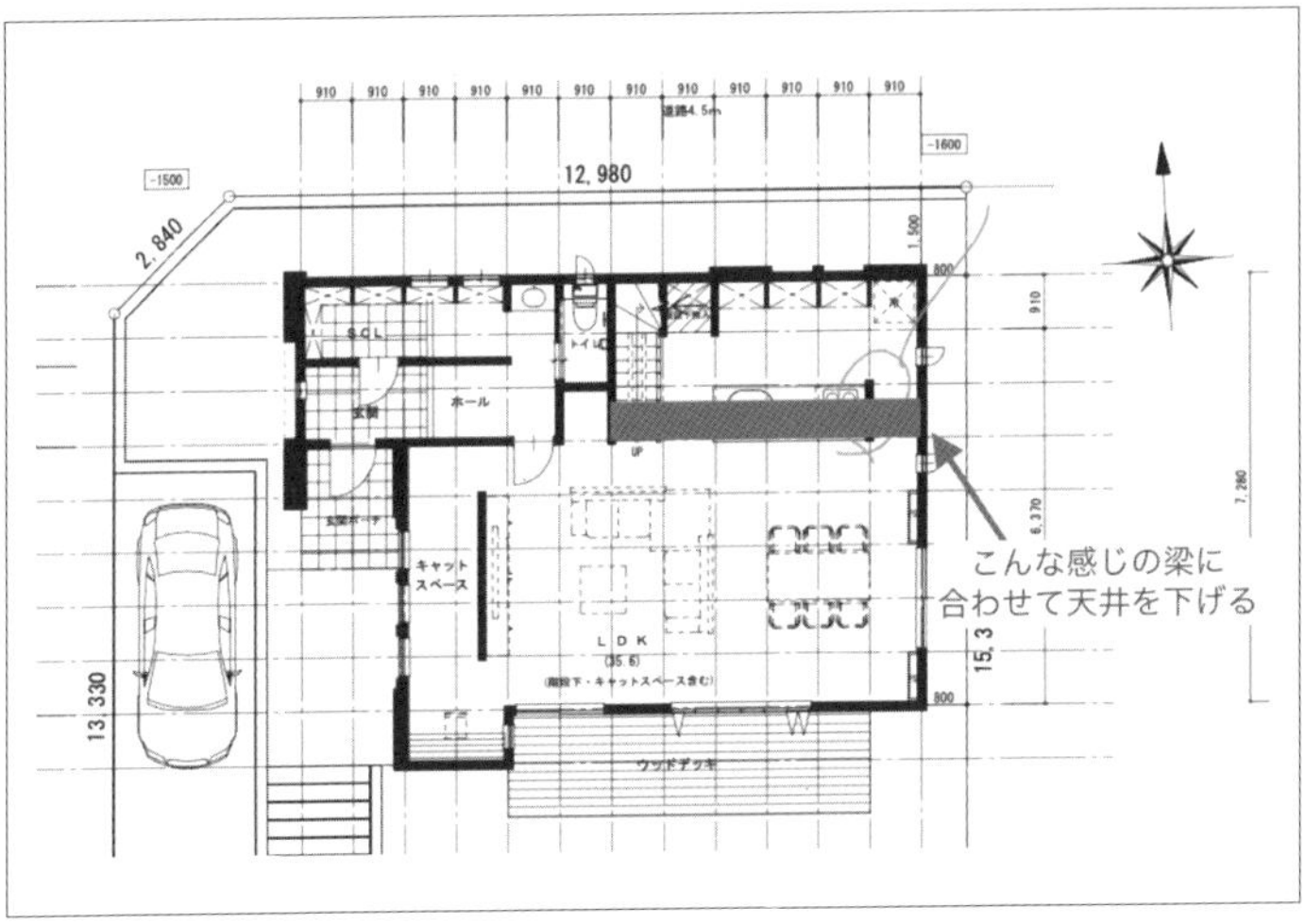

チン上部の天井高だけを2450㎜に下げるというものでした。

また天井が下がるということに反射的に過剰に反応しそうになりましたが、このお家、実は間接照明を入れるために全体が折り下げ天井になっているので、その高さに合わせてキッチンが下り天井になるのは普通にオシャレなのでむしろいいんじゃね!?

ということでその案を即採用。

……これは後日談ですが、担当さんは、絶対にまた僕が天井高に対して文句を言うと思っていたらしく、他に2パターンくらい案を用意していたらしい。さすがです。本当ごめんなさい。しかしあなたは仕事ができる人です。

なぜキッチンの天井が下がればOKなの?

これ、不思議すぎてすごく細かく聞きました。要は、でかい梁で全体を支えるらしいのですが、その梁を一般的なサイズの2倍の太さのものに差し替えることで、全体を支えることができるようになるとのこと。

素人にはあんまりよくわからんが、とりあえず、現場監督、営業、設計士、全員が、

「こんなぶっといの初めて見た……。実在すんの、これ? いつ上棟《じょうとう》だっけ? 絶対見にいくわ」

と現場を見に行きたいと言っていたくらいなので、よほどすごいことをしているらしい。

わがままって、言えば叶うんやな(ごめんなさい)。

そんなこんなで心配していた天井高は安全面も考慮した上でバッチリクリア! 本当によかった! ありがとう担当さん! ありがとう設計士さん! ありがとうみんな!!!

ようやく形になってきた僕の理想のお家。高いお金払うからね！　満足いくようにしないとです！！！

しかし、家が……デカすぎる。予算が……、お金が……。

はぁ、はぁ・・・でも猫たちのためですからァ・・・（脳が溶けている男の思考。ソシャゲガチャ課金している時と同じ脳）。

オプション追加もあり、総合の坪単価も上がり、それを考えただけでもそれなりにやばい価格になってしまったのですが、**「まあ言うてどうにかなるでしょ（ハナホジ）」**というバカの精神でこのまま進めることになりました。

このあたりで営業担当さんが突如激太りしたのは、僕の「もっとでかくしちゃお〜」連打のストレスでしょうか。ごめんなさい。

ベーシックな価格さえ定まれば、そのあとは一番の心配どころだった住宅ローン審査もあるぜ・・・。さて、兎にも角にも気になる現状の価格は・・・？

夢の注文住宅、気になるお値段は？

ここまで無駄にサイズをデカくしたり、天井高にわがまま言ったりいろいろしてしまったせいで、ガンガン高騰していく本体価格。……しかし猫の喜ぶ姿を想像すると・・・**歯止めが効かねえぜ（思考停止）**。

このあとさらにいろいろ設備やオプション、さらに一番やばいであろうスタジオの施工代などが足されてしまうので、まぁあくまで**「ここまでの価格」**ですが、さて、一体いくらになったでしょう？

61、206、897円。

……ちゅーるだったら何個買えんねん・・・（ちなみに我が家はちゅーるじゃなくてモグリッチ）。

すげえ～、猫マスターお金持ち～。ではないのです。

僕は地主の家の子でもないですし、土地を元々持っていたわけでもなく、親からの贈与等もありません（なんならいきなり発表したら面白いかなと思って、親にも何も言ってない）。ただただ美人な母とただただ面白い親父の間に生まれた一般的な男です。

完全にゼロからの注文住宅なので、住宅を建てるとなってから土地を購入しました。

いや、マジでお金かかりすぎ問題。**早く900億円欲しい。**

しかも怖いのは、これ**最終価格じゃありません。**打ち合わせが半分くらいの段階です（といっても「大きさ＝価格」に近いので、この2倍になったりはしないと思いますが）。ここからいろいろ仕様を変えていくところもありますし、壁紙や内装部材、そして何より家具家電大好きな僕は、それらもすべてこだわり抜いてお金使います。

ので、、、最終額はいろいろと察してください、、、。

それに、スタジオもあるからね・・・。

防音工事は専門の某有名業者に依頼するので、もちろん、お見積もりは別途。

無論、さすがに全額一括で支払えるわけがありません!!（キッパリ）。

猫たちのおかげである程度稼げるようにはなりましたが、数億持ってるとかそんなことではないのです！　強い人たちに比べればたいしたことはないので、全額キャッシュとか！　**無理〜！！！**

ということで足りない分はローンを組みます。

住宅ローンの審査結果やいかに・・・

実はかなりの準備をしてローン審査に臨みました。我々音楽家にとって一番の敵は・・・**〆切と、ローンなのである。**

これきっとフリーランス、音楽家、芸術家の永遠の悩みでしょう。ローン審査が通らない……。結構しっかりめの作家さんでも、家の審査落ちたり、ローン組めなかったりしちゃう世の中です。

果たして本業が猫マス……あ、作曲家の僕に、ローンなんか組めるのだろうか・・・。

もしローンがダメだったら……。ウッ。

気が気じゃなく完全に睡眠不足になりましたが、私、猫マスター・・・**念願だった住宅ローン審査に、無事に通りました！**

わ〜〜〜い！これで家が建てられるぞ〜〜〜！（返済のことなどたいして考えず）。

ということで、ローンが決まった途端、担当さんも一気に本気になります。なぜなら営業さんは完全歩合なので、高い家を売るとお給料が上がります（笑）。

僕の家はかなり高いほうらしいので、めっちゃ頑張ってくれることでしょう。

ここからは一気に打ち合わせが進み、予定表、工程表的なものも全部出てきて現実味を帯びてきました。あと約5ヶ月ちょっとで家が完成するのだ（家がでかい、防音室が外部施工、それに猫グッズの設置やいろんな内装オプションのせいで、工期が長くなりました）。

契約金・頭金も既に支払ってあったので、あとは細かい仕様やら何やらを決めて工事が進むのを待つだけ！　……とは言ったものの、実はここからがめちゃ大変。その「細かい仕様やら何やら」を決めるのが最も体力を使うということに、僕はまだ気づいていませんでした。

ニャンコアルバム

狭いながらも楽しい アパート編

みんなと出会った大事な場所。
きっと世界一幸せ濃度が濃かった場所。
仕事も全然なくて、貧乏だったけど、だからこそ、
暇すぎて小さいみんなとたくさん過ごせたのかな。
みんなと出会えて人生が大きく変わった場所。
今でも昨日のように思い出せる幸せな日々。
僕たちのすべてはここから始まりました。

狭いのでどうしても
猫ザイルが結成されがち

ベッドサイドで見事なニャーニャートレイン。

猫ザイル。

リュクを先頭に猫ザイル結成。

みんな仲良くくっついて寝る時なんてお団子状態

寝る時もみんな一緒。この時代があったから、今でもみんな仲良しなのかな。なんて思ったり。

3歩走れば壁にぶつかるような狭い家でした。窮屈な思いをさせてごめんね。でもどう手を伸ばしても猫を触れる環境は、幸せでしかなかった。

抱き合うソラ姫とリュック。

みんなが1点を見て固まってる
これはまあそういうアレ。うん。ほら。ね!

みんなが同じところをじっと見ている…。これはヤバイやつだ！

これは猫団子……
なのか？　猫……
餃子……？

「ピーボがご飯欲しいって」と圧をかけるリュックとソラ姫。

みんなが壁の１点を見ている…。僕は絶対に見ないぞ。

今でも鮮明に覚えてる。某じゃんけん大会シングル楽曲はここで、リュックを抱いて、仕上げたのです。この日から人生が変わりました。イントロのギターのフレーズ作るの手伝ってくれたよね。

仕事中でもみんなと一緒。

いつまで曲書いてんだよ。早く遊べの顔。

仕事もほとんど家でするから
いつでも一緒にいられる

こうやって鍵盤を弾いて、曲のヒントをくれます。

家が小さければ窓も小さい。ぎゅうぎゅうになって外を見るみんな。

段ボール箱で寝るリュック。

野良猫だったポポロンがすくすく育って「この家にこれてラッキー」とガッツポーズをしてくれてると信じている希望的観測丸出しの写真。

元気にたくさん遊んでもらいたくて いろんなおもちゃを買いました

なんか全然遊びごたえなさそうなおもちゃで遊ぶみんな。

今でもメインおもちゃのかしゃかしゃブンブンで遊ぶニック。

猫じゃらしに夢中だけどつかめないソラ。

ネズミの人形はポポロンのお気に入り。

話題をかっさらった通称「5猫神」。みんなのおかげで我が家にゴキブリが出ることはなかった。

お揃いの爪研ぎを買ってあげたら「記念写真撮ってくれ」みたいな顔してるポポロンとリュック。

10回に7回は間違えられるニックとリュック。飼い主の僕からするとまったく違うんだけどなあ。猫あるあるですね。いや、まあ、似てるのは認める。

くっつきすぎて融合一歩手前の猫団子。

みんながどんなに走りたがろうが、3歩走れば壁。
猫じゃらしを振れば何かにぶつかり、
窓も小さく日当たりも悪い。
ただただ普通に、自由に、遊ばせてあげることも
ままなりませんでした。
遊び盛りの大事な時期をここで過ごさせてごめんね。
でも、僕はみんなに出会えて最高に幸せでした。
幸い、リュックの作曲援助のおかげで
仕事が軌道に乗り出した僕は、
この時から家を買うための計画を練り始めました。

下僕の恩返し Part2

わがまま爆烈!!
僕のお家は
ホントに建つの?

いよいよ内装を決める打ち合わせがスタート。
ところが、「ええ!? マジで?」
という事態が発生。
「猫と音楽家の暮らす理想のお家」は、
無事に完成するのか!?

猫マスターのインテリアへのこだわり

一口に「猫のお家を建てる！」と言っても、前にも書いたように「おしゃれ空間」は守りたいのです。断言します。**見渡す限り猫のもの！**というのはやりません。「上から下までキャットウォーク、猫用ドアや猫グッズだらけの猫御殿」みたいなものを想像している方は、正直完成イメージがまったく違うと思います。目指すは**「野良猫だった猫がこんな勝ち組の家に!?」**です（笑）。

建築時のキャットウォーク設置は

しないつもりです。

無論猫たちが楽しく暮らせるのはマストですが、建築オプションで天井や壁中にキャットタワーキャットウォーク設置をやってしまうと、個人的には大きな問題があると考えます。

第一に、高所のお掃除やお手入れがものすごく大変になってしまいます。

そして第二に、**建築時にすべて設計して織り込んでしまうと、猫たちが歳をとっていって落下や怪我の心配が出てきた時も、その取り外しや変更などが個人ではできません。**例えばある日、高所のキャットウォークから落下してしまい、「もう猫も歳だしキャットウォークは危ないな。取り外そう」と思った場合でも、業者を手配するのには1ヶ月以上かかったりします。その間にまた落ちちゃった、とか別の事故が起きてしまってはダメなのです。

あ、もう外そう。と思ったら即日外せる、即レイアウトを変えられる、環境チェンジができる、というのがこの家のテーマなのです。

だからこそMYZOOのような、素人でも簡単に取り外しやレイアウトの変更ができるものがいいのです**（なおかつ可愛いときたらそれはもう決定）。**

年齢に合わせて、ことあるごとにお金をかけて、職人さんたちに頼んでレイアウト変更やリフォームをするというのもなしではありませんが、しょっちゅう工事をして騒音を立てたり、人の出入りが増えてしまうのは、それこそ猫のストレスになってしまうのでまったく考えていません。

壁紙は消臭効果のあるものを選びます。

注文住宅を建てるにあたって初めて知ったのですが、クロスごとに消臭効果がついてたり、効果に差があったりするのですね。さすがに猫が5匹もいるので匂いには元々かなり気をつけていたのですが、より気をつけられそうなのであればその効果も優先して選んでいきたいところです。

床にカーペットやクッションフロアは

敢えて使いません。

よく「猫のために足に優しい床材を」と言われますが、カーペットやクッションフロアにしてしまうと、猫がいる場合、逆に衛生面に問題があることに気がつきました(マンションの時はクッションフロアでした)。特にカーペット生地にしてしまうとゲボや尿など、一度つくと匂いはもとより、衛生面に大問題があります。

以前、我が家で起きた「ウイルス全員同時感染事件」では、全員が一日中嘔吐を繰り返し、部屋が文字通りゲボまみれになりました。掃除はとにかく大変で、一日中クイックルワイパーと消毒液を手に持ち、吐いたら拭き、消毒して捨てる。これを10分に1回くらい繰り返していました。

いくら掃除を繰り返しても、寝ている間に大量のゲボ。ペット用のクッションフロアの隙間などに入り込んでしまい、匂いも取れず、消毒もできているのかわからない。。。。

幸いみんな元気に復活しましたが、衛生面の問題に加え、クッションフロアの浮きみたいなものも出てしまい、交換しなければならない状態になってしまいました。

二度とこんなことは起きてほしくはないですが、そもそも猫はただでさえ毛玉等でゲボを吐く動物なので、衛生面、お手入れのしやすさを考え、鏡面系の素材にしようと考えています。

こう書くとすぐに、**「鏡面!? 滑るぞ!」**と反応する方がいらっしゃると思います。でも、冷静に考えてください。犬の場合は爪で踏ん張り滑ってしまうことがありますが、猫は肉球で踏ん張っているのに加え、普段は爪が収納されているので、そこまで滑りません(もちろんゼロではないかもしれませんが)。

ちなみに、長毛種で毛のお手入れがされていない猫は滑ります。我が家の猫は全員短毛なので、ツルツルの床やサラサラのフローリングでも、基本滑っているのは見たことがありません。

また、僕が検討している鏡面床は下地が木なので、大理石や石材のものより柔らかく、足への負担もカーペットほどではありませんが軽減されると予想しています。

以前のウイルス事件への対策、衛生面を優先して考えた結果のチョイスです。

大きいラグを敷いたり、大きいソファが来る予定なので、追いかけっこをしていても、常に床を走るわけではありません。敷物や置物で素材感を変えるほうがメンテや交換も楽ですしね。最悪、全面にラグを敷けばいいでしょう。

インテリアコーディネーター美人お姉さん登場!

家自体の間取りも定まってきました。いよいよ一番のお楽しみ、色決めである!
何を隠そう(センスがあるなしはともかく)僕はインテリアが大好き!
実は、**猫マスターはインテリアコーディネーターの資格を取ろうと思って参考書を買ったことがあるくらいインテリアが好き!(いや勉強しろよ)。**

ビバ! 家具!

ということで、どうやら3回の打ち合わせで、壁から床からいろいろ全部決めなければいけないらしい。営業担当さんはわがまま聞いてくれたけど、コーディネーターさんはすごい塩対応な人だったらどうしよう……。

不安を抱えながら色決めの打ち合わせへ向かうと、**なんと、そこには美人お姉さんが座っているではありませんか！　フミフミホームズさん、ありがとうございます！**

「インテリアコーディネートを担当いたしますSです。よろしくお願いいたします」

ウホッ！　こ、この美女が僕のイメージを具現化するのか……とわくわく半分怖さ半分。年はまあ僕とそこまで変わらなそうな感じ（当時私30歳）。

年が近い感じなのはなんとなく感性合いそうかな？　と少し安心感はありました。

何を隠そうこのSさん、めちゃ仕事できる人で、席につくや否やズバババっと内容を説明。クロスの種類、床材、選べる色味や建具など、高速で解説。

は、早い！　しかしわかりやすい！　すごい人きたなこれ・・・。

Sさんは、さまざまなサンプルを見せて、手早に説明してくれた。

僕は仕事早い人が好きなので安心感マックス。しかしこの速度感には理由が・・・。

実は営業担当さんが、

「このお施主様《せしゅ》（僕のこと）は異常にこだわりが強くて、意志が強い、のに加えて急にいろいろ変更するし、過去あんまりいないタイプのやべぇやつ。困ったら『猫のためですから』って言っておけばおk」

と（ここまで酷くはない）伝えてくれていたようで、僕の担当をするというので緊張していたと、後日お聞きしました。

そしてなんとびっくりこのコーディネーターさん、音楽活動をしており作曲家である僕と話もバッチリ合い、意気投合。

想像していたよりスムーズに色決めが進む予感！！！

そう思ったのも束の間、このコーディネーターさん、センスがよすぎてこだわりも強い。**「え、僕の家ですぞ・・・?」というくらいこだわってくれる（褒め言葉）。**

例えば、

「クロスはAがいいです〜」

響介いない時間長いとソファがとても使いやすいです。

と言っても、少しでも全体とのバランスが微妙だと、

「Bのほうがいいですよ絶対！」

とはっきり言ってくれるのです。

こだわりの強い僕ですが、自身が特殊業なこともあり、**「その道のプロにはとにかく従え」**という教訓が自分の中にあって、ここまではっきり言ってくれると心から信頼できます。

変に忖度《そんたく》されて「いいですね～」なんて言われて、完成形をきちんとイメージできていないような素人意見が通ってしまうと、絶対ぐちゃぐちゃになってしまいますから。

音楽でもよくあるんです。例えば「テンポ上げてください」とかよく言われるんですが、テンポ上げるんじゃなくてフレーズを変えたり、弾き方を変えるだけでよかったりするもんなんです。でも素人は、「なんか勢いがない……。遅いからだ！　テンポ上げて！」みたいになっちゃうものなのです。

そこを綺麗に正すのがプロなので、プロの本気の意見にもめちゃ従う。**これ猫マス**

ターのモットー！

とはいっても、僕が、

「いや、でも絶対Aのイメージなんで A がいいです」

とか言うと、

「それならここをこっちにして、これをこうしたらAでも合うと思います！ そうしましょうか！」

とプロの見地から素晴らしい代案を持ってきてくれるのです。

こんな最高の打ち合わせありますか！ とテンション上がっていたのですが、僕はとんでもないことに気づきました。


既に8時間経過。


えっ？ **昼過ぎに集まり、現在21時半。いや、何してんのまじで？**

楽しすぎて時間忘れてましたよ。**いや～楽しいって素晴らしい～**

……そんな悠長なことを言っている場合ではありません。現在の打ち合わせ進捗状況、1割以下。決まっているのは床材のみ。間に合うのか、我が家・・・。

2回目は真剣に進めるも終わったのは22時

前回、楽しすぎて時間をかけた割に1割未満しか進まなかったので、第2回目の打ち合わせはさすがに2人とも反省し、めちゃくちゃスムーズに進めていきました。一気に半分くらいまで進みました（いや半分じゃ足りてねえぞ）。

「白とか色決めるだけじゃん！　そんなに時間かからねえだろ？」と思うかもしれませんが、何せクロス一つとっても何百種類以上。色味で揃えても、ものすごい量あります。辞書みたいな厚さの「クロス集」みたいなのから一つ一つ選ぶのです。柄や色だけではなく厚みや消臭やコーティングなどの機能もバラバラで何を優先していいのやら……。

正直、何も楽しくありません。地獄です。

床材はそこまで種類がなく（高いお金を出せばもっとあったと思います）割とすぐに決まりました。

下り天井や照明の位置、壁にエコカラットと呼ばれるタイルを貼ったりしたかったので、その選定も行いました。このエコカラットという製品はお手軽な値段で壁をおしゃれにでき、なおかつ多少消臭効果もあるようです。個人でも頑張れば施工できるようです。可愛いものが多くて悩みました。我が家では合計4箇所に施工しています。かっこよくなる上に、さらに多少でも消臭効果もあるなら、動物と暮らす方には検討の余地があるのでは？

ここからはスタジオの仕様の打ち合わせにも入り、スタジオはコンセントや壁床材すべて変えているので軽く5時間くらいかかり……。

終わったのは22時。

いや、もうなんかほんと申し訳ないです・・・・。

猫仕様の造作壁と「ぽっこりスペース」を作る

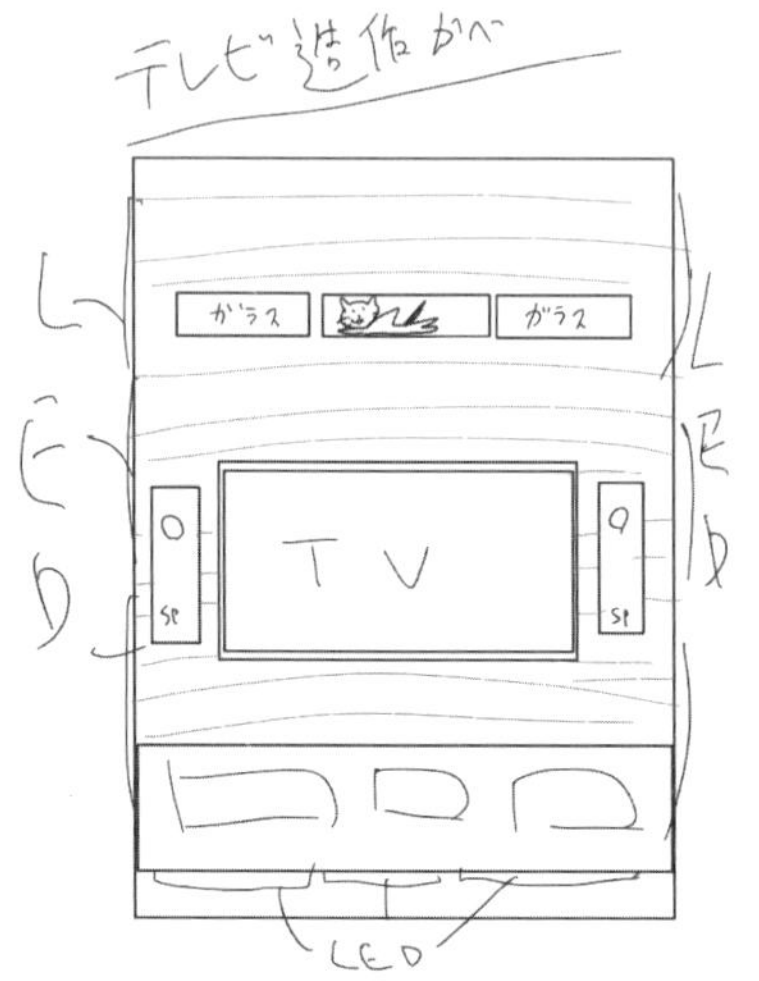

テレビを置く造作壁を猫仕様にするすげえアイデア。

そんなこんなでてんやわんやしながらも僕の頭は猫でいっぱい。**あ！！！ こんなことしたい！！！** そう思ったら行動せずにはいられません。

ということで即行動し、営業担当に実際に送った絵がこちら。

テレビを置く造作壁を猫仕様に。猫スペースとリビングを仕切る壁です。これにガラスを嵌《は》めて、ガラスの向こうに猫が見える! すげぇアイデア! これはMYZOOとのコラボでやばいことになるぞ・・・。

それにしても、**相変わらずわかりやすい絵だ。**

それと図面にぽっこりした謎の窪みを描いて、**「ここにカリカリーナ置きたいぽよ」**とか言いまくって、形すら変更しまくった結果、コーディネーターさんと営業担当さんに、**「いい加減にしないとマジで終わりませんよ」**となかなか真面目に怒られました。すみませんでした。

ただ、カリカリーナゾーンはきちんと作ったぜ!

ほぼ完成した図面と、壁紙や床材で妄想を膨らませる

平面の図面にも、猫たちがどうやって走り回るかイメージができるくらいには慣れてきました。担当さんも、

「ここ僕、走り抜けられます？」

みたいな猫との鬼ごっこを想定した質問をしても、

「はい、バッチリです。頑張ってください」

となんの違和感もなく答えられるくらい、僕の変態性に慣れてきました。

まだまだ実際の家の大きさはイメージできませんが、みんな口を揃えて「相当でかい」と言うので、相当でかいのでしょう。

1階

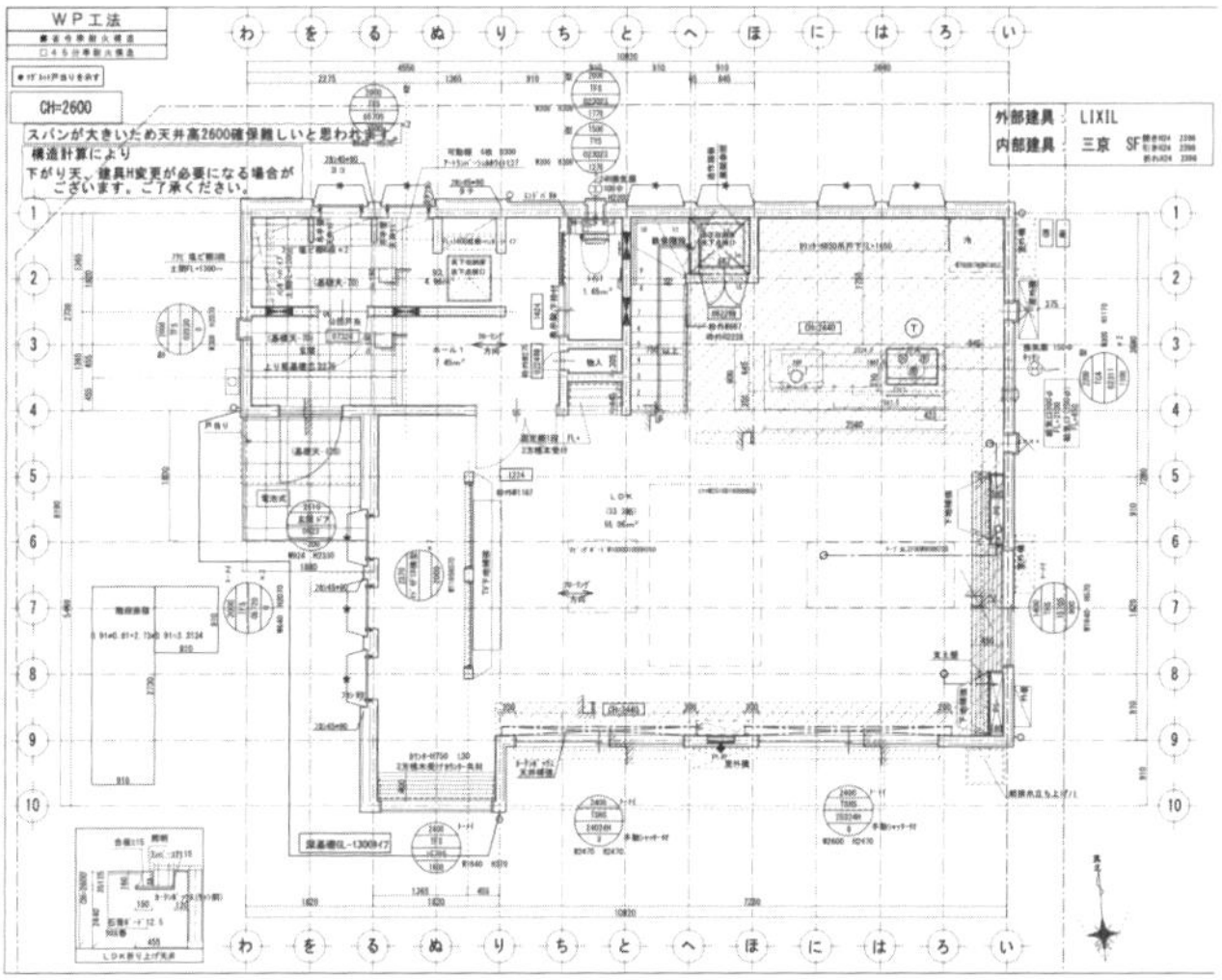

ともかく! しっかり目に上がってきた最新の図面を見せちゃいましょう!

ジャジャーン! 棚だとか、建具の仕様だとかがしっかり記載されています。

改めてでかい! そしてほぼほぼ理想が叶っているのではないでしょうか。カリカリーナゾーンが設けられているのですが、どこかわかりますかね?

ソファなどはまだ何を入れるか決めていないのでざっくりした採寸になっています。

窓とかも完全オーダー品で2400mmの高さ! 一般的なお家の天井の高さまで窓! でかっ!

フミフミホームズはもともとドアもで

2階

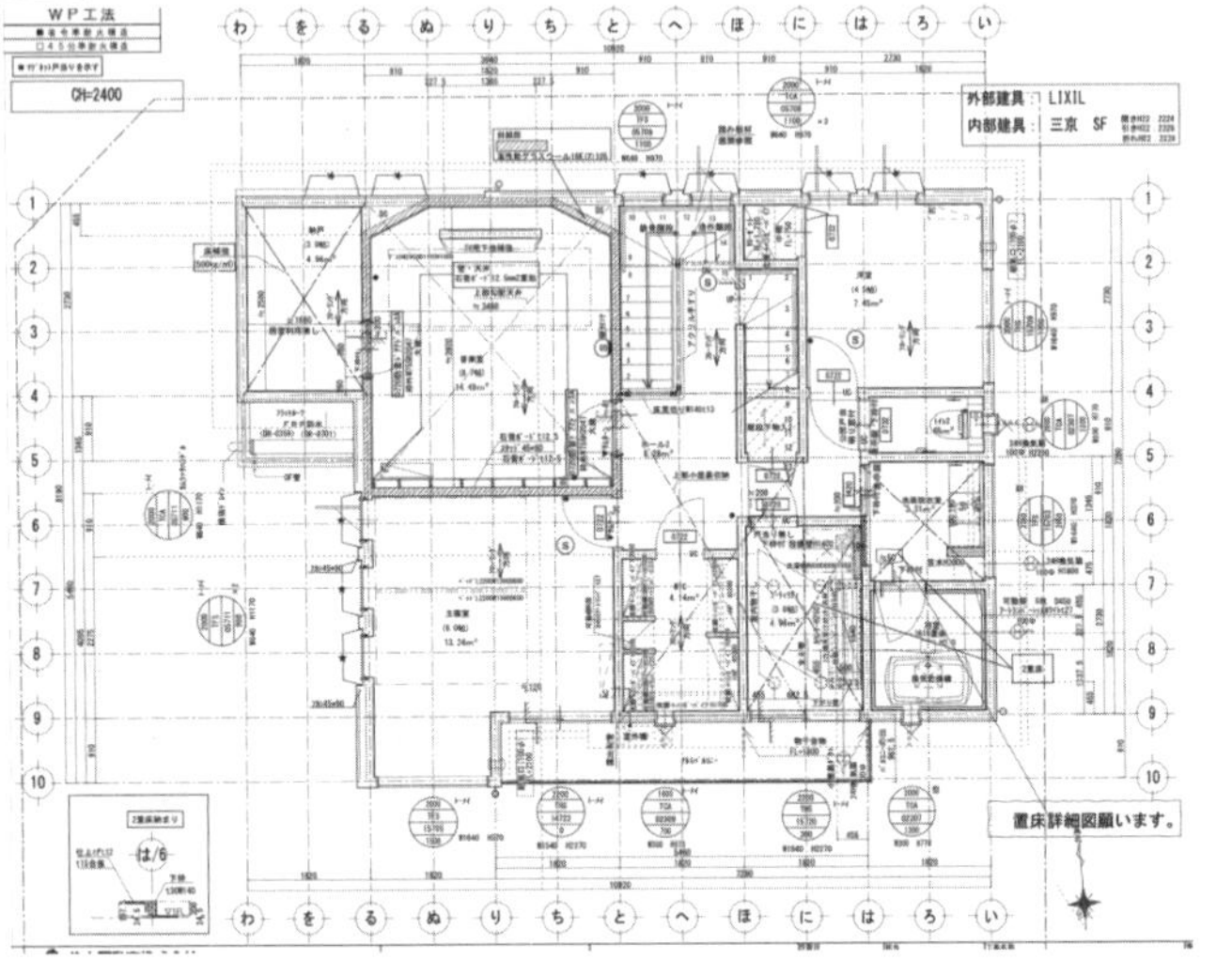

かく、これも2400㎜の高さあります。細なげえ〜。

2階には音楽室という名前でスタジオが記載されています。こだわってる部屋とこだわってない部屋の書き込みの量の差がすごいですが、風呂トイレは極限まで小さく（笑）、猫たちと過ごす部屋は大きく！ です。

お気づきだと思いますが、**この家は収納が異様に少ないのである。**自分の生きる空間は小さくていいので（仕事場はともかく）。いかに綺麗に収納を作るか、ということで棚などはこだわりました。

あと洋室が完全に1個余るので、最初のほうはそこも物置にしつつ、何かしら

3階

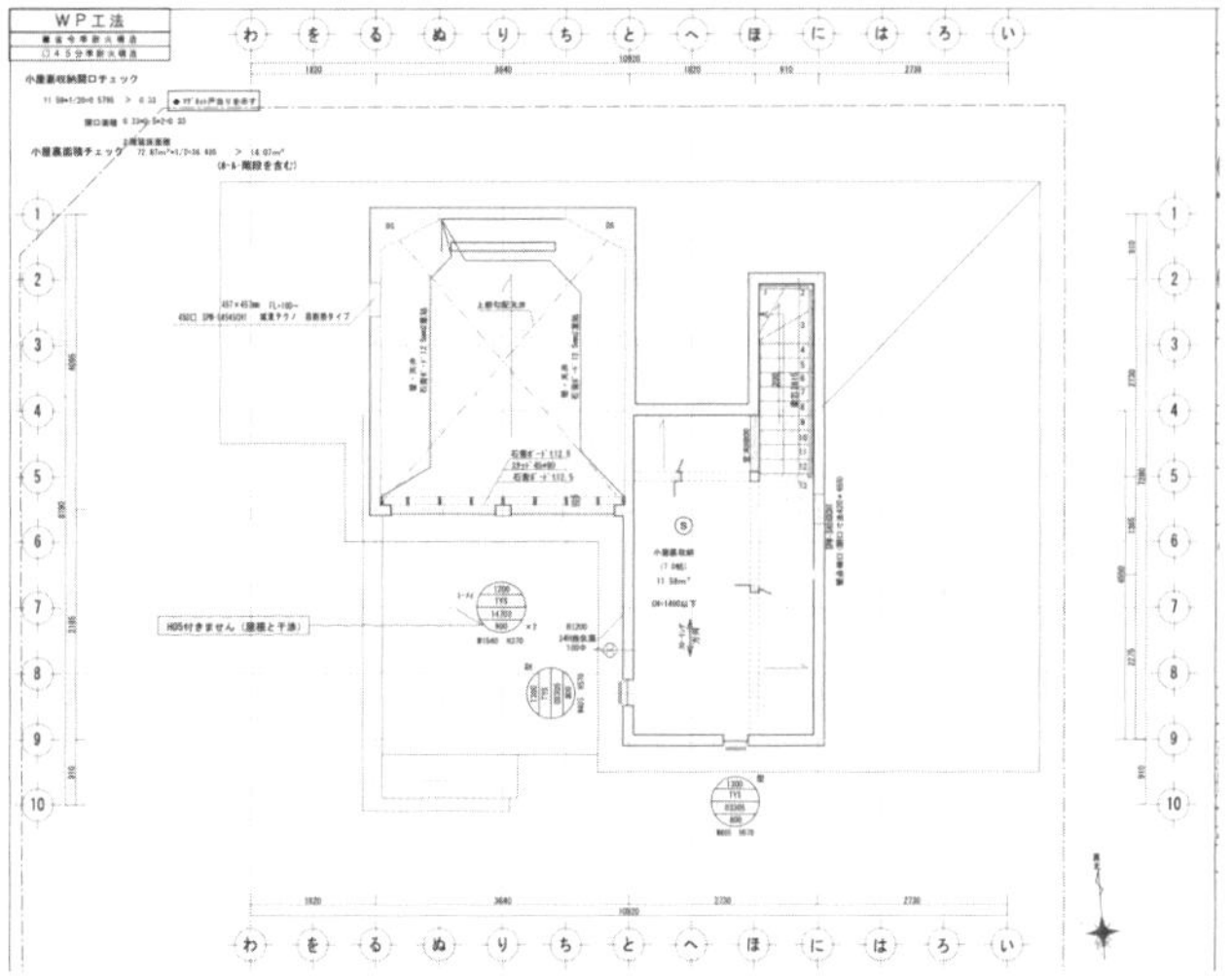

の理由があって猫同士を隔離しなければいけなくなった時などのために、綺麗にしておく予定です。マジで何もない部屋になります。ケージとかを置くくらいですね。

3階は当初の「全部猫のもの」という理想からは残念ながら遠ざかってしまいましたが、よくよく採寸してみりゃだいぶデカいのはデカい。だって7畳以上あるんですから！　そこがすべて猫のおもちゃや道具だけの部屋になるなんて最高〜！

間取りに関してはここからは変更するとお金がかかってしまうので、あんまり変なことを言うのはもうやめなければいけませんね**（後日お金かけてめちゃくちゃ言うことになります）。**

当初、インテリアは全体的に白が多め……の予定で打ち合わせしていたのですが、これに関しても僕が突然、「やっぱグレーがいいだす」とか言って壁紙が全部変更になったりして、本当にすみませんでした。悪気はありません。アホなんです。

そんなこんなで我が家のカラーコーディネートが決まりました。写真のように、壁紙や床材をまとめた本？　みたいなものをもらえるのです！　知らなかった！

家が完成するまでの間はこの本を毎日見て、「ここが白くて〜ここがグレー！　ウホッ！」とかやって盛り上がってました。

いや、しかしこれ多分、家建てる人みんなやるんじゃないかな。

こちらが我が家で選定したクロスです！

いや量すごすぎだろ、何種類使うねん!!

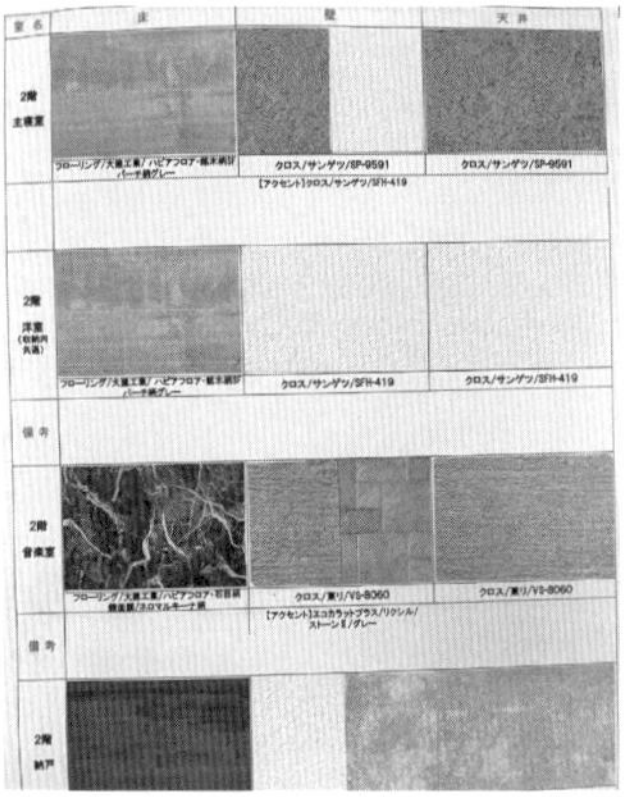

使用する壁紙や床材を見やすく並べた本みたいなものがもらえる。

リビングは全体がグレーみがかった部屋で、床が真っ白という感じ。あとは各部屋ごとに色がかなり違うので、壁紙が地獄のような量になりました。サンプルが用意できていないものもあって、この他にももっとあります。

一番こだわったのはもちろんリビングダイニングですが、二番目が3階（小屋裏）の天井のクロス！　空柄です！

天井が低いからこそ開放感のある空間にしたくて、**野外感のある空クロスにしました。**オプションだったので地味に価格が高いです（笑）。

なんと蛍光塗料が使用されていて、夜になると星空になります！

猫部屋が豪華になっていく〜〜〜！！！

こだわって選んだ我が家のクロス。

営業担当が辞めちゃう？
え？ マジで!?

どういうこと！！！？

と思いませんか？　営業担当が辞める。これ、まじの事実。

「注文住宅は営業担当と作っていくもの」

それが当たり前だと思っていました。中には段階ごとに担当が変わっていくタイプのハウスメーカーもあるようですが、フミフミホームズは営業担当と、二人三脚でお家を建てる、と聞いていたので、衝撃すぎる展開。

柔軟で優しくて、やる気もあってすごくいい担当さんでした。普通なら「無理！」って突っぱねるようなことも、あの手この手で叶えてくれました。

天井高事件の時も設計士さんにめちゃくちゃ交渉しに行ってくれたり、実は社内でも人気で有能なインテリアコーディネーターさんをわざわざ手配してくれたのだって、**「この家は普通の人では難しいから!」**と社内の有能な人間たちを集め回ってくれたということも、全部知っています。

感謝の気持ちも強く、打ち合わせも幸せな気持ちで進めていました。家が完成し、涙し喜ぶ姿を見られて、お礼に高いお酒でもプレゼントして、もしかしたら家に遊びにきてもらったりとかしちゃって、**一生感謝していくぜ・・・!**

ってなる予定でいました。それが当たり前なんだと。

しかし!　**それがなくなってしまいました。**

最後の最後の打ち合わせで、

「実は、僕、今月で退社することになってしまいました。ごめんなさい」

と告げられました。

怒りなんて感情が湧くことはなく、ただただ悲しかったのを覚えています。

「響介さんのご自宅は僕が関わった住宅の中でも最もこだわりがあって、遊び心があって、フミフミで建てる最後の仕事にふさわしいお家になりました。本当にありがとうございます。正直難しいお家で大変でしたが、とても楽しかったです。こんなタイミングでの退社、本当に申し訳ありません。図面での打ち合わせが終わるタイミングでキリがよい……ということはないのですが、着工してしまえば現場監督とのやりとりがメインになるので、僕はいなくなっても実質大丈夫かと思いますので……」

とのこと。

いやいや、初めての注文住宅。営業担当が途中で辞めちゃうとかあります？

お話を聞いて数分して冷静になった瞬間、ふざけんなよ、無責任な。正直、一瞬そう思いました。

しかし、退社する理由を聞くと、、、それは誰も責められないものでした。

世の中はコロナ禍真っ只中。ハウスメーカーの営業さんのお給料は歩合的な側面が死ぬほど大きいらしく、僕との打ち合わせをしていた半年近く、担当さんの給料はほぼゼロ、みたいな状態が続いていたというのです。

その時、初めて知ったのですが、この営業担当さんには奥さんもお子さんもいらっしゃって、生活を支えなければいけない立場なのにお給料が出ない状況で、精神的にもかなりキツかったと。

いや、そんな状況の人に「やっぱここやめる」とか「猫のためだからね」の一点張りで強制的に仕様変えさせたりして、ほんとすんませんでした・・・。まじでなんか本当すんません・・・。僕に担当さんを責めることはできませんでした。

かくいう僕自身もコロナでたくさんの影響を受けました。憧れのアーティストへの楽曲提供の話が飛んだり、お金も下がりました。

あ、猫といる時間は増えました。

この時代、想像し得ないほど辛い思いをしている人はたくさんいます。身に降りかかるのはどれも「誰も悪くない」「怒りをぶつける相手がいない」出来事。すべて、本当に誰のせいでもないのです。怒りをぶつけることも、対処することもできません。

こんな時代を恨みます。なんてタイミングで家を建ててしまったんだ、とむしろ自分への怒りが湧いてきました。

しかし！！！！　高いお金を払うのです!!　猫たちのためのお家なのです。あ！あと一応僕の家なのです！　だから理由はなんであれ、「まあ仕方ないな。残りはざっくりでいいよ」なんて言ってられません！

冷たいことを言いますが、人それぞれの人生があります。営業担当さんが大変なのは事実、同情もします。しかし！　**僕にも猫たちの一生を支える義務があります。**

人は人！　猫は猫！　それぞれ幸せになる権利があるのです！！！

さて、ここからどうなっていくのか……。この時の僕は、

「営業担当さん！　転職してても応援してるぜ！　本当にありがとう！　愛してるぜ！」

心からそう思っていました。でも、やがて、

「てめぇ！！！　オルラァアアアア！

クソがぁあああああ！」

こんな展開が待っています。

営業担当の交代で新たなる強キャラ現る

営業担当がいなくなってしまったまま建築を進めるわけにいかないので、新しい担当さんがついてくれるらしい。

とはいえ、僕のお家は、有能営業担当（途中で辞める）、美人コーディーネーター（強い美人）、**猫マスター兼作曲家の僕（猫）**というなかなか濃いメンツでの打ち合わせでした。

カードゲームで言ったらレアリティマックスの、これ以上ないくらい強キャラのカードが揃っている僕のお家。**遊戯王カードで言ったらブルーアイズ、ブラック・マジシャン、ブラック・マジシャン・ガール、そんな感じの気持ち。**

こんだけレアカードが揃ってるところに、そこらへんのノーマルカード入ってきても、霞《かす》んじゃうぜ？

つーか、俺様の猫愛に、ついてこられるかな？　多少の心配を抱えつつ待機していると、新しい担当さんが打ち合わせに現れました。

すると、開口一番に驚愕の一言。

新担当「フミフミホームズは、クソですよ」

ああ、ブルーアイズ・アルティメットドラゴンだこれ。

ちょっと待って。ここまでだいぶキャラ濃いメンツ勢揃いだったんですけど、キャラの濃度上回ってくるのやめてもらっていいですか・・・？

実は、何を隠そうこの新担当さん、この辺一帯のフミフミホームズでもトップクラスの権力を持つ偉い人。一言目のパンチにやられてクラクラしていましたが、話をしてみると、フミフミホームズで長く働く超有能な方。

しかし、**なぜか随所にフミフミホームズの悪口を**

挟み込んでくる。

5ワード話して1回悪口、くらいのスパンで出てくる悪口。

まあ、もちろんブラックジョークを多分に含んでいるとは思うのですがね(一応擁護)。しかし僕は口が悪い人とかテンション変な人が大好物。

我、客ぞ・・・?

何よりこの人、頭おかしいだけで仕事は異様にできる(頭はおかしい)。

中途半端なタイミングで担当が辞めてしまったお詫びと

「こんな楽しそうで頭おかしいお家、完成見てみたいですもん!」

という若干失礼な感じが漏れつつも、無駄に責任感満々の対応をしてくれるではありませんか。何より予算的な部分も管理しているので、金額の話などもしやすく、何かあったときの対応も素早い。

口が悪いだけでめっちゃ仕事できるので変更や対応も早く、元の営業さんの上司だけあって、柔軟!!

僕が突然、

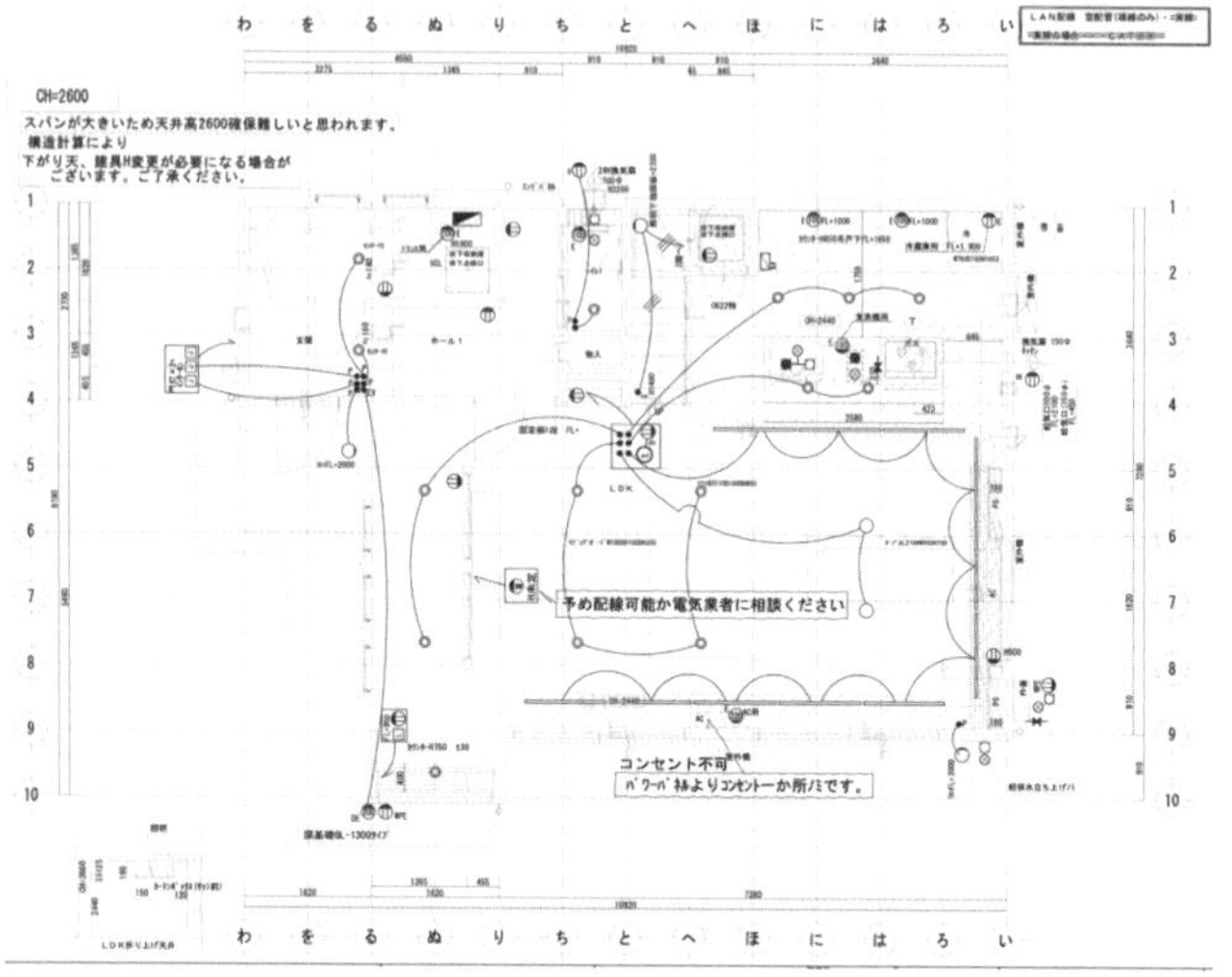

着工会では図面に書かれたことなどを細かく確認していく。

「そういえばここの窓いらない。取って」
とこの期に及んで言い出した時も、

「確かに〜〜!!!」

みたいなノリで変更してくれました。
頭おかしい。

そんなこんなでついに着工会になりました。着工会とは、家を実際に建てる前に、今まで打ち合わせしてきた図面や色味などすべてを、関わるスタッフ全員で確認していく作業のこと。

これがまあ長い。家のサイズや仕様によっては過去最長で深夜3時くらいまでかかったこともあるとか。辞書のような紙の量の図面やら電気図やら建具やらカラー表やらをすべてしっかり読み上げていく作業。何から何まですべて細かくチェックしていくのだ。スタジオ（音楽室）は特別な電源が入っているため地獄のような確認になりました。

実は僕は照明にかなりこだわっていて、かなりお金もかけました。1階の間接照明の量なんてエグくて、細かい確認は現地でやりましょう的なノリに。。

我が家の着工会はかなりの時間がかかりました。**正直後半なんて「はいはいはいはいはい」って適当に聞いてただけでほぼ何も覚えていない（しかしのちにこれが大事故を起こす）。**

ところで、この激ヤバ担当さん、さすが偉くて仕事できるだけあります。

「おい、ここお風呂のドアにタオルかけねえぞ？　つけてあげろ。不便になるぞ」

と急に言い出したり、

「窓デカすぎんだから、シャッター閉めるの大変になるから電動にしたほうがいいだろ。何考えてんだ」

などガンガン図面上に変更を加えていく。本来変更は難しいところのはずなのに、前任の担当さんの気遣いが行き届いていていなかった部分を徹底的に直していく。

この着工会で僕がサインをしてしまえば、あとから
「やっぱり電動シャッターがよかった！」

とか言ったって、「サインしたからもう無理」と言い張ってもいい立場なのに、ちゃんと住む人の立場で、僕が気づいていなかった部分などをバンバン直してくれます。口悪いくせに、優しいいい感じのおじさんである。

新キャラの現場監督のお兄ちゃんは、超絶丁寧な仕事人。あとで聞かされたのですが、辞めてしまった営業担当さんが現場監督さんもかなり有能な人をわざわざ指名してくれたらしく、担当エリア外にもかかわらず、受け持ってくれることになりました。

やはり僕の家は相当難しいらしく、経験の少ない現場監督だと事故る可能性があるようで、丁寧な現場監督さんが入ったほうがスムーズらしいのです。

そんななかなかに最高のメンツで、ようやく着工会を終え、ついに！

家の工事が始まります！　なんとか、ここまできました〜。

もう、あとは待つだけ。家が建っていくのを見届ければ、みんなと楽しく過ごせる最高の日々が！　やってくる！！！！

鉄筋見てるだけでクソテンション上がる

以前もお話ししましたが、フミフミホームズは高層マンションなんかをたくさん手がけている企業。**「高級マンション仕様の内装部材や建具を扱っている」**など、様々な特色がありましたが、中でも建具と同じくらいポイントが高いのが**「基礎」**です。

基礎とは、地面と家の間に作られるコンクリ部分。家の下のほうがグレーになっているのはみなさんご存知ですよね。いきなり土に柱を建てても地震なんて来たら秒殺で倒れてしまうので、頑丈なコンクリで基礎を作り、そこから柱やら何やらを立ち上げて、家にしていくのです。

そこには死ぬほど高度な計算があって、基礎は柱との絶妙なバランスで上下左右すべてへの耐震を強めてくれる大事なやつなのです。**家の中で一番大事とも言えます。**

ここが弱いとイコール家が弱いということになりますから。

そんな基礎工事ですが、「ただコンクリ打ってるだけならどこがやっても同じやろ」、と思いませんか？　正直僕も最初はそう思っていました。

基礎は内部に鉄筋を通してコンクリで固めていくそうなのですが、要はその鉄筋がしょぼかったり量が少ないと、強度や寿命に影響があるらしいのです。

そんな家を支える大事な基礎の配筋は、普通30㎝のマス目になるらしいのですが、フミフミホームズはマンションを手がけているときの要領（？）で基礎を作るらしく20㎝！　我が家は異常に荷重がかかる部分が多いので、そういったところは10㎝とかめちゃくちゃ細かくなっているようです。間隔が狭くなるということは鉄筋の量が増えているということです。

素人が考えても、鉄筋が多いほうが頑丈そうな感じはしますよね、スカスカよりは。どう考えても！（笑）。

その激ヤバ鉄筋画像がこちら！

一般的な基礎の鉄筋画像を検索していただくと、違いは一目瞭然！　めちゃくちゃ目が細かい。目が細かいということは弛《ゆる》んだりしないということ。

つよ！

この頑丈さを保ったままコンクリでガチガチに固めることになるので、よくわからん僕でもすごそうなのがわかります。

このぽっこりは、僕が**「ここぽっこりさせたい」**と馬鹿みたいな勢いで突如図面変更して、馬鹿みたいな金額上がった犯人。

生で見るとまじでぽっこりしてますね。とりあえずこの写真撮りながら、**「うん。多分、別にいらなかったなこれ」**と思っています（コラ）。

しかし、鉄筋見て興奮できる時が来るなんて思ってもみなかったぜ・・・。

我が家で一番強固な鉄骨階段あたりの鉄筋。

ぽっこりさせたくなって作ってもらったスペース部分。

感動したけど あっというまの上棟

ある日、現場監督から、

「響介さん、○○月○○日、上棟《じょうとう》しますので、現場にいらしてください！　17時くらいがいいと思います！」

と連絡がありました。

「上棟」は、「棟上《むねあげ》」とも言うらしいのですが、多分同じ意味です（勘）。棟上《むねあ》げ、建前《たてまえ》、建舞《たてまい》、とかいろいろ言い方あるらしいのですが、**「じょうとう」が一番なんか喧嘩強そうなので好きです。**

いわゆる、近所で家が建ち出す時に、建物全体に足場と布がかかり出す直前のアレ。

他人の家の時は**「へ〜、あそこ家建つんだ」**くらいのもんですが、いざ自分のことになると**「ウッホホウホ! ププフォ!」**と語彙力がゼロになります。

そして他人の家の時はまったく気づかないもんなのですが、この棟上げ、**実は1日で終わります。そう、あの柱だらけの骨組み状態になるまでの期間はなんと1日、長くてもたった数日で終わるのです。**

上棟の当日、「大工さんに挨拶したいしちょうどいいや、朝イチに1回行こうかな」と差し入れを大量に持っていき、朝9時前に現場に到着。先日基礎の現場確認で現地を訪れた状態から、コンクリが流し込まれ、さらに足場が!

足場がつくと家のサイズ感が想像できるので興奮気味でした。いよいよここから柱が建っていき、上に伸びていくのです。

デカさが・・・感じられるぜ・・・。

興奮しながら「猫のお家……あ、僕のお家をお願いします!」と大工さんたちに差し入れを渡して、仕事して帰りにまた顔出させてもらって、途中経過写真もバッチリ撮らせてもらおーっと！

……とか思いながら仕事してたらすごい早く終わっちゃって、かなり早めの15時くらいに到着。

「さすがに早すぎたかな？　まだ柱1本とかしか建ってねえんじゃ・・・w　そしたらいいブログのネタ写真になるな～w」

なんて思いながら現地に着くと・・・そこには「家」が・・・・。

「あれ？　道間違えました？」ってくらいに見違える・・・僕の土地に・・・家ができあがってて引きました。

「こ、こいつら・・・人間か・・・？」

と逆に軽蔑しかけました。失礼しましたごめんなさい。

衝撃ですよ。ものの数時間で更地にほぼ家が建つなんて。プロからしたら当たり前なのかも

上棟の日、15時くらいに行ったら、もう家の形ができていてびっくり。

ですが、本当に神業。すごすぎます。

でもよく考えりゃ全体の柱のバランスで支えて建てるんですから、全部を同時に完成させないとダメなんですよね。


めっちゃ面白かったのは他の現場に顔を出して戻ってきた現場監督さんが
「お世話になってま……って!　えっ!!!　**もうこんなにできてる!!??**」

って僕より驚いてたことです。どうやら大工さんたちが、

「この家はなんかやべえからテンポ上げてやってかねえとだぜ」

的なノリだったらしく、現場監督さんが想像していたよりもさらに早かったらしいです。こんな大変な時期に一生懸命頑張ってくれている大工さんたちには感謝でいっぱいです。

待ちに待った上棟会！　みんなのお家ここまでできたよ!!

上棟の日から約1ヶ月後、**ついに！　上棟会がやってきました!!**

この日をどれだけ待ちわびたことか！　人生で一番ワクワクした待機時間でした。

家を建てようと思い立って4年。打ち合わせが始まってから上棟会まで約1年ほど。ついにこの日がきました！！！（ここから家の完成まではさらに4ヶ月待ちます…）。

さて上棟会とは、建物ができあがり、壁、床、屋根などが完成し、クロスや床材、電気関連工事などに移る前の段階で、家の内覧をして、それぞれの仕様の確認をしていきます。コンセントの位置や棚の位置なども含め、細かく再確認する時間です！

僕の家は、そもそも照明多すぎ問題で、さらに配線大好き男なのでコンセントの位置にもこだわったり、そして重要なスタジオ（音楽室）があったので、死ぬほど時間がかかると予想されていました。

上棟会できちんと伝えられないと完成時に変なことになりかねないので、かなり命がけ。そんな大事な大事な上棟会には各部署の全メンバーが集まります。

水道屋さん、ガス屋さん、現場監督さん、営業担当さん、インテリアコーディネーターさん、そしてスタジオの防音施工の業者さんが揃い、みんなで一つ一つ丁寧に詳細を確認していきます。

ガス屋さんの確認はガス栓の位置や、ガス管の設置位置の再確認。水道屋さんもほぼ同じ。トイレの仕様やキッチンの仕様を確認し、どこに水道管が通り、水道マスがくるかなど、まあいうたら素人に言われても困りますぜ。。的な内容。

電気屋さんの登場。これがまあ、、、大変。僕は映画も大好き本職も音楽なので、プレイヤーやらスピーカーやら、そして電源の位置などに異様なまでのこだわりがあり、それらの高さ、位置をミリ単位で調整。数時間かかってしまい、それでもなお丁寧に進めてくださる業者さんには頭が下がります……。

さて、どこまでできたかお見せしましょう。

ここまでくるとほんとにいよいよ家だ〜。うひょ〜。

リビング（一部）。高さはバッチリ2400mm。写真だといまいち高さが伝わらないのが残念。右側にもっと奥があります。ひろ〜〜！　走れる！

馬鹿でか梁！　こいつのせいでキッチンの天井だけ2400mmまで下がってくることになりますが、逆に下がり天井はおしゃれ！　完成が楽しみです。

スタジオ（音楽室）。勾配の角度、奥の壁の角度などめちゃくちゃこだわりました。天井はなんとびっくり4mあります。

3階、猫秘密基地！　普通の一部屋くらいはあるので結構広いです。でも天井低い！（1400mm）。ここでの追いかけっこは不利……。

寝室には窓がたくさん。だってみんな使いたいからね、窓。みんなが自由に外を眺めたり日向ぼっこしたりできるように。

いつでもアプリで現場監督と気軽にコンタクト

フミフミホームズの注文住宅では**ＬＩＮＥのようなアプリがあり、**施主が現場監督さんたちと気軽に連絡が取れるシステムを採用している。僕の家を担当してくださっている現場監督さんはとても良い方で、既読も鬼のように早い。なんなら気づかずお休みの日に連絡を入れてしまっても即対応してくれたりしていた。

これ施主は超絶安心だが、働いてる側はたまったもんじゃないんじゃないか？　とかちょっと思いつつも、便利すぎたのでガンガン利用させてもらっている。

僕は僕のお家の現場監督さんが好きだ。とても真面目でイケメン、爽やか、丁寧で人当たりがよく、マメで細かいところに気がつき、**本当にいい人なのである。**

コンセントやスイッチの位置は、本来のルールで言えば上棟会が終わった時点で施主が承認のサインをしてしまったが最後、住宅メーカー的には「あ、もうサインもらってるんで変更は無理っすね」と突っぱねても問題ないのだが、僕が「スタジオのコンセントの位置ですけど、テレビのサイズ間違えて伝えてたので、このままだと位置が変なことになっちゃうんですが、変更難しいですかね……」と無理を承知で送った時も、現場監督さんは**「現場に行って確認してきます」**と即効確認を入れてくれる。

そして数時間後にはアプリで対応策をきちんと連絡くれるのだ。

僕「いつも急に変えたり後出しして申し訳ないっす（汗）」

現場監督「実は僕も家を建ててるところでして、響介さんの気持ちが痛いほどよくわかるので僕が動いてどうにかなるところはどうにかしたいんで、大丈夫ですよ！」

いや、爽やかにイケメン発言。優しくて真面目で……。

そんなこんなで多少の問題があっても現場監督さんの迅速な対応ですぐカバー。そんなことが何度もありました。

とっても頼りになる現場監督さん。対応も早いし機転も利く。心遣いも忘れず明るく丁寧。**素晴らしい人が僕の家を担当してくれている。素晴らしい人が建ててくれている家が、変なものになるはずがない。**この幸運に、僕は心から感謝していました。

現場で事件発生！天井の高さがバラバラ!?

上棟会から数週間後、イケメン現場監督さんから、建具（ドア等）の設置、そして床が貼られ出しているとの情報を聞いた僕は床材チェックのために現場へ。そこで、とんでもない大問題に気づきました。

あれ？　キッチン折り下げ天井部分と、ダイニングの折り上げ天井部分の高さが・・・ずれてる・・・・。

キッチンとダイニングの下り部分は奇麗に高さを揃えていたはずなのに、数センチずれている！　誰がどう見てもきもい！　20㎝とかがっつりずれているならわざとかなと思いますが、この微妙なずれ方、気持ち悪すぎる！！！

メインのＬＤの天井高が２６００㎜、折り上げ部分が２３５５㎜、キッチンの天井が2400㎜という恐怖のバラバラさに！！！

高さから角度から数センチ数ミリ単位で調整してきた僕が、こんなきもい段差を許すはずがないじゃないか～！！！

「うわああああ！！！　フミフミホームズはクソですよ！　みなさん！！！　くそですよぉお～～！！！！」

と叫びながら近所を走り回ろうかな～あああぁあああぁ！！！　うわああああ！！！

と、発狂しそうになりながら、すぐに冷静になり、とりあえず現場監督さんを呼ぶと、現場監督さんも唖然。

ここまでパーフェクト対応をしていたイケメン現場監督さんが口を開けてあわあわしている……。

「キモすぎません？」

と問うと

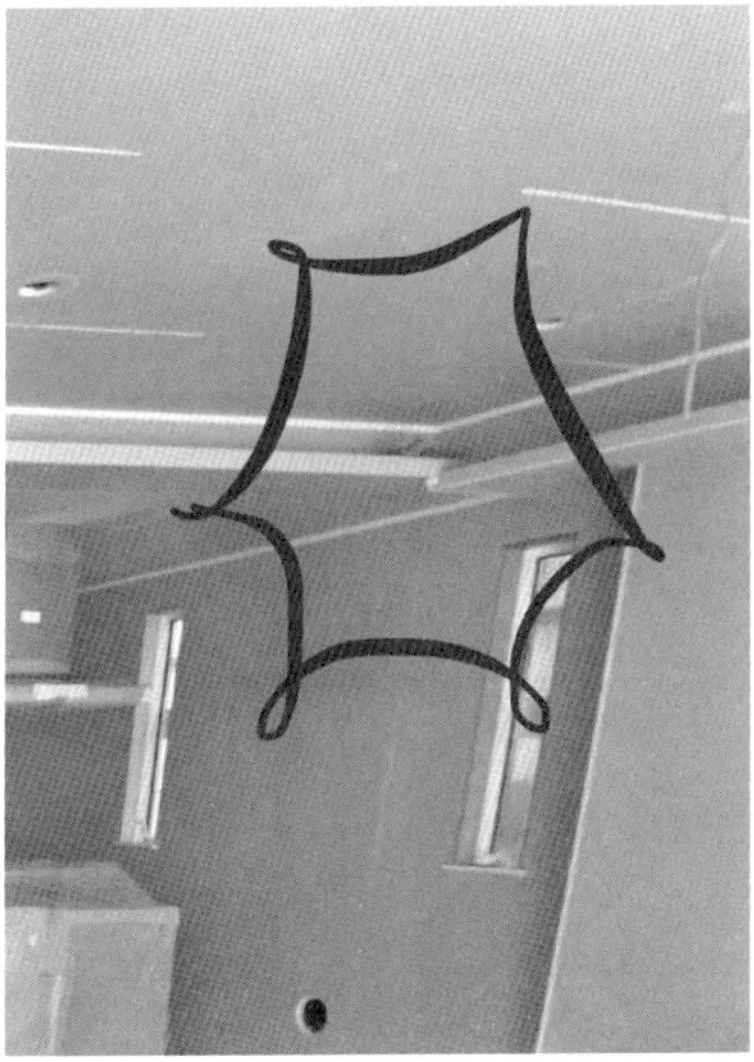

天井の高さがバラバラ…。

「キモすぎです・・・」

との返答。

この反応……どうやら現場監督さんのせいではなさそう。

現場監督「普通に考えたらこんなことしませんよね……？　わざとこういうふうにしようとしたわけじゃないんですもんね……？」

ええ、もちろんわざとなわけがありません。自称几帳面な僕、こんなガタガタの天井の家で過ごしていたら死んでしまいます。

しかし現実問題、作業はかなり進んでしまっている現場。キッチンのフードの下地までついてしまっている……。

フミフミホームズ的にも変な工期の延期はまずい。契約もある。

何をどう直したらいいのか、そもそも直すことは可能なのか？

僕のこだわりのお家が、天井ガタガタのまま完成してしまうのか……？

現在、時刻は夕方。原因究明、そして解決策があるのか……。

ここから、現場監督さんとの壮絶な話し合いが始まった。

ニャンコアルバム

お家の中に庭もあるよ マンション編

「みんなと鬼ごっこがしたい」
その思いから、マンション購入を決意しました。
アパート時代のワンルームとは比べものにならない
100平米超えのマンションへ。
どうしても外を体感させたくて、
室内に庭部屋を作ったりしました。
念願の追いかけっこの日々は幸せそのものでした。

壁に騙し絵のステッカーを貼ったら
本物の空だと信じてる

美人すぎて何しても
絵になるソラ。

本物の空だと信じて
やまないポポロン。
目がマジ。

壁紙を爪で傷つけられてしまったので空の騙し絵ステッカーを貼って傷を隠したら、「穴を開けてしまった……」と困惑するソラとポポロン。

マンション時代のベストショット。

カリカリーナでくつろぐリュックとソラ。

テレビを見る僕を見る猫。

リュックを呼ぶと「あたちは？」と必ず詰め寄ってくる女子たち。

マンションでも猫ザイルは結成。

僕をのぞきこむみんな。

ソファは安定のみんなのもの。僕には「床」という素敵なソファが与えられました。

テーブルの上でおすまシポポロン。

「似てる」とあまりにも言われるので、あえて手の角度まで合わせにいくリュックとニック。

よく見ると何かしらの関節技を決められている。

僕のパジャマを制圧するソラ、ニック、ピーボ、そして全裸の僕。

ハンモックが乗りにくいので僕をクッションに使うソラ。

「これが……外…」とちょっとドヤるソラ姫。

人工芝を敷きウッドデッキを設置、タイルを貼ったりハンモック置いたり。人間でもギリ騙せるんじゃないかくらい庭。

猫たちを外で遊ばせたくって部屋の中に庭を作ってしまった

僕の脚につかまって眠るポポロン。

さあ、トイレから
戻ったら音楽のお
仕事だぜ、と思っ
たら猫マスター業
務が忙しい。

初めて真実を話します
が、実は僕は作曲でき
なくて、リュックが全
部指示出してます。

「仕事と私どっちが大事なの!?」ではなく「仕事と私なら私が大事なのね!?」というタイプの圧の掛け方をするソラ。

僕は家でも仕事ができるから、家の中に仕事場を作っていつも一緒に

初めて真実を話しますが、実は僕は作曲できなくて、ポポロンが全部指示出してます。

IKEAの人形用ベッドを寝室に並べたら、合宿所みたいになった

ベッドは何個あろうが僕は床。

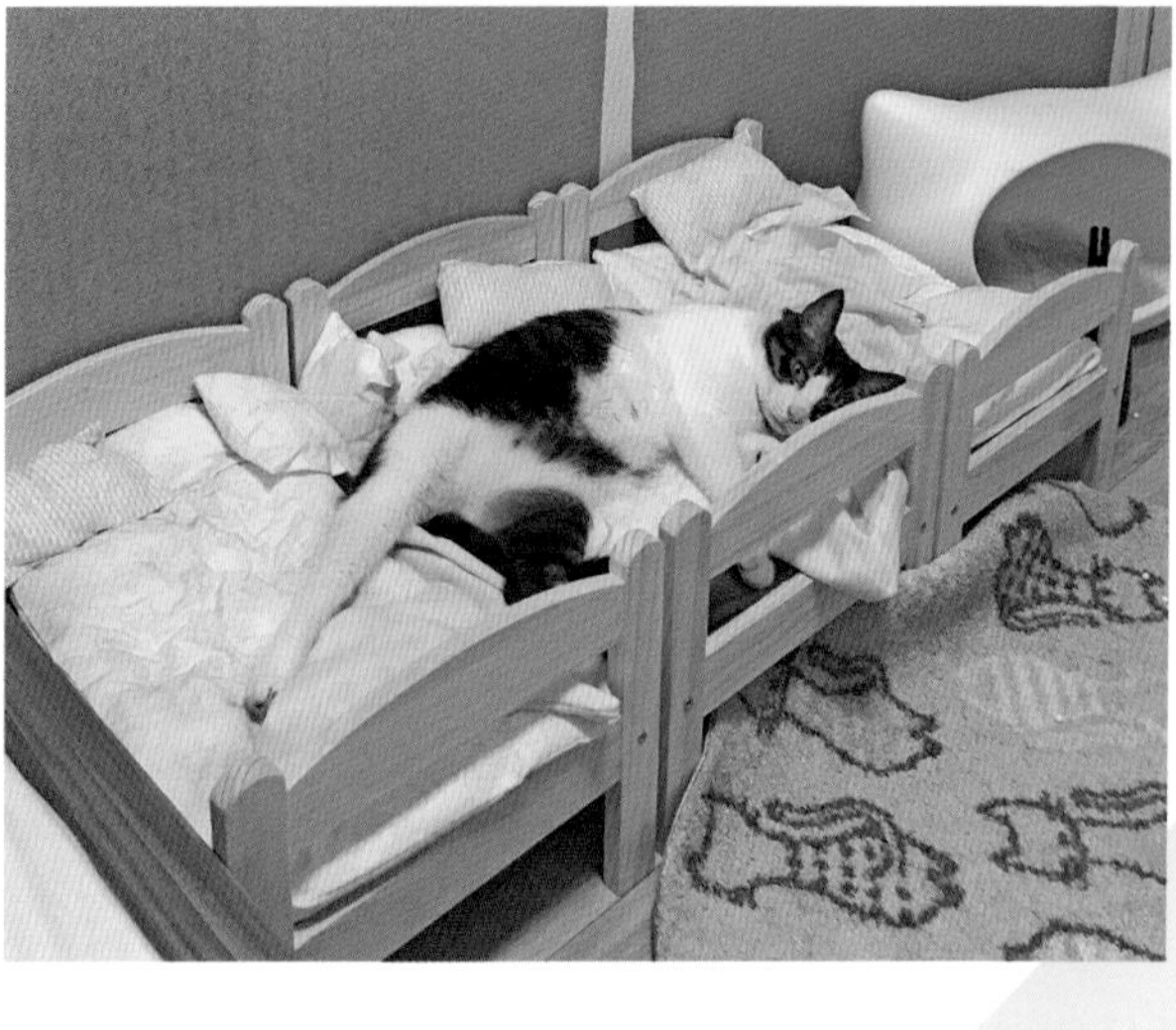

つまりあぶれた猫たちが僕のベッドに流れ込み、必然的に僕は床。

うむ。1匹に1個。ばっちり使ってるね。僕の分の床を空けておいてくれてありがとう。

こうすると可愛いと知っている。

広くなって、鬼ごっこもできる、庭もある、
しっかり仕事もできる。
もう、これ以上の幸せはない…でも、それは僕側の話。
猫たちはもっともっと幸せになる権利がある。
まだまだ僕がもらった幸せのほうが多い。
受けた恩は必ず返す！
こうなったら！
家建てるしかねーでしょ!!!

下僕の恩返し Part3

まだ続くトラブル！猫マスター号泣の事件勃発!!

もうすぐ完成する猫と僕の家。
ところが、キッチンの天井高が
凸凹なことが判明。
……なぜこんなことに？
号泣する猫マスターに笑顔は戻るのか!?

天井を直してほしいと訴える僕に現場監督からまさかの返答…

建築途中で大事故が発生してしまった我が家。なんと天井高がバラバラという前代未聞の事故。ここまで、営業担当さんが途中で辞めてしまったことをのぞけば割合スムーズに進んでいた注文住宅計画だが、一気に暗雲が立ち込めた。

天井高を見た現場監督さんも唖然。なぜこんなことになっているのか……。現場にはずっと顔を出しているのに気がつかなかったようだ。

事実、僕自身も今気がついたが、過去の写真を見ると1週間くらい前の段階でも確かにこうなっていた。微妙なズレだったこともあり、僕もなかなか気づかなかったのも事実。

しかし、だからといってこのクソ気持ち悪いのを、そのままにするわけにはいかない。原因は一体？ ここでまず究明すべきは、**「原因」と「誰のせいか」**である。

図面の引き間違いなのか、打ち合わせでの聞き間違いか、大工さんのミス、現場監督さんの確認不足、**実は目の錯覚（！）**。

これを解明すべく現場監督さんと関係各所へ連絡。当日すぐに現場で話し合いを開始。まず第一に図面を確認。

図面の天井に、ズレた天井高での記載があれば、そこに確認の印鑑を押してしまっている僕は折れるしかないのだ。


恐る恐る、完成図面を見ると・・・・。

ウワァア・・・

バッチリ2400㎜と2355㎜になってるうぅ・・・。

つまり原因は、**僕の図面見逃しだったということになる（ルール上）。**

しかし、なぜそもそも指示もしていない、必要のない天井高のずれが発生し、こんなことになってしまっているのか。各所に聞き込みをして原因を探していると、筋道が見えてきた。順々に話すと、こうだ。

まず、元々は天井高2600㎜、そして折り上げ天井の下り部分は2400㎜、キッチンも2400㎜、つまり僕の理想とする天井になっていた。

しかし、その折り上げ天井にコーブ照明を入れるという計画をした際に、インテリアコーディネーターさんと電気屋さんから、

「より綺麗に光を見せるなら、2355㎜にすると、もっと光が広がります」

と言われ、光が綺麗になるのであれば、ぜひ！　と、そこで天井高の変更をお願いし、インテリアコーディネーターさんも図面にその旨を記載。この時に、全体の天井高は2600㎜、キッチンの天井高と折り上げを2355㎜に、ということをインテリアコーディネーターさんから、前の営業担当さんに伝達してもらったのだ。

が、しかし、ここで我が家では大問題が起きていた。

そう、営業担当が途中で辞めてしまっているため、そのあとどこで誰からミスが発生したのかがわからないのだ。営業担当が設計士に伝達を怠ったのか、設計士の製図ミスなのか、原因がわからなくなってしまっていた。

手元の打ち合わせ記録には、折り下げ天井高変更、の記載は残っているので、打ち合わせでのミスは考えにくい。ということは、図面に起こすまでのどこかしらで問題が起きたのだが、それが明確でない上、担当が退社してしまっているので、確認も取れないのだ。

そのまま意向と違う図面ができあがり、こちらは指示通りのものができあがっていると思い込んでいるので、見逃してしまい、そしてそのまま着工会に進み、その場にいた誰もが気づくことなく着工。

そして、真面目で丁寧な大工さんは**「個性的な家だから、こういうところにもこだわりがあるのだろう」**と職人魂炸裂で、あんなめんどくさい段差を何も言うことなく、わざわざ作ってくれてしまったのだ……。

そう。この事故は、全員の真面目が招いた事故なのだ。

より照明が綺麗になるように指示してくれたインテリアコーディネーターさん、そしてよりよくしたい僕、そして現場で細かいところまでしっかり仕上げてくれてしまった大工さん。誰も悪くないやつだこれ・・・。

しかし、ルールは非情だ。打ち合わせ記録にサインをし、着工会でも図面や内装部材などに間違いがないか等確認した上で、僕はサインをしてしまっていた。

ハウスメーカーに限らず、商売の世界ではこの「サイン」がとても重要になってくる。音楽家の楽曲関連の契約書でも似たようなことがある。

このサインを絶対的ルールにしないと、悪徳のお客さんがいたとして、家が建ったあとに、**「ここの形が違うぞ！　適当な仕事しやがって！　金返せ！」**といったクレームが可能になってしまう。それを防止するためのサインなのだ。

無論ハウスメーカーからしたら、僕がそういう類のクレームを言っていると思われても、ある種仕方ない状況なのだ。

しかし、僕は訴えた。

こんな図面を、ズブの素人、ましてや注文住宅初めてのお客さんが細部までしっかり見て、逐一注意できるはずがない。本来そこのサポートのために営業担当がいて、「ここ直さなくて平気ですか？」など言ってくれたり、提案をしてくれるんじゃないのか？図面の見方は多少はわかるが、書き込みの多い部分の数字など、確認しきれない。

現に、今見たら絶対おかしいと思った現場監督さんも、現物ができるまで気づかず見逃していたわけである。それを素人の僕が指摘できるはずがない。

そして、普通に考えて、そこの天井高をわざわざずらすわけがない。

こんな原因がわからない、誰のせいかわからない現状で、100%僕の責任に擦《なす》りつけられ、**「このまま進めます」**は納得がいかない。

あまり怒りをあらわにしたりしない性格なのだが、この時ばかりはかなり苛立っていたと思う。

しかし、現場監督さんは、こう告げた。

「僕も心苦しいのですが、図面に記載されている以上、大工さんはその数字を信じて建築します。そしてその図面にサインをいただいてしまっている以上、弊社的にはこのまま進めさせていただく意向になるかと……。申し訳ありません……」

おい・・・イケメン・・・てめえ・・・・

さてはお前ブサイクだな！！（錯乱状態）。

時刻はすでに20時をまわり、あたりは暗くなっていた。電気の設置されていない真っ暗でだだっ広い、天井高がバラバラのリビングで、僕は泣いた。

数千万円。

数千万円かけて、何年もかけて計画した家。

一番大事な、一番見えるところに大ミスがある。きっと一生引きずるだろう。

リビングで猫とゴロゴロしていても、見えるたびに気になるだろう。

どうすることもできない現実を目の当たりにし、一気に悲しみが押し寄せてきた。

「もう、わかりました・・・帰ります」

僕はそれだけ言い残し、帰路についた。

僕は振り返ることはしなかったが、背後に佇《たたず》む現場監督さんも悲壮感に包まれていたように感じた。

夢のお家が・・・。どうしても収まらない気持ち

自宅に帰り、猫たちと顔を合わせると、また涙がこみ上げてきた。

正直猫たちに影響のあるようなミスではない。住むには何の問題もない。

しかし、完璧な家をプレゼントしたかった。そして自分自身も清々しい気持ちで住みたかった。

でもそれはもう叶わない。そう思うと涙が止めどなく流れた。

「ギャオ」

リュックの優しい声が僕の涙腺をさらに刺激した。声のするほうを向くと、そこにはものすごい体勢のリュックがいて感情が破壊しそうになった。

きっと笑かして慰めてくれようとしたんだよね。ごめんね。不甲斐なくて。ごめん

ね。

――収まらぬ思い。この気持ちだけは伝えよう。

涙も止まり少し気の落ち着いた僕は、現場監督さんに、この気持ちだけは知っておいてほしいと、意味もない、迷惑にも取れるような下記のメッセージを送った。

「本日はお疲れ様でした。日頃、現場管理ありがとうございます。本日発覚した天井の件ですが、なかなかやりきれない思いで、こんな状況で、どこに怒りをぶつけたらいいのかも、どうすれば満足いく形になるのかもわからないのですが、100%満足はもうどのみちできないんだと諦めてはいます。

現場監督さんは悪くないのはもちろんわかっておりますし、犯人のいない状態と言いますか、皆被害者な感じではあると思いますが、そもそも営業担当さんが辞めるこ

と自体、ある程度前もって決まっていたにもかかわらず、最終の打ち合わせまで施主である僕らに伝えてこなかったのは、フミフミホームズさんとして対応にかなり問題があると思います。

前もって知らせていただけていたら、後任の担当さんにも常に打ち合わせ情報をシェアしたり、何か別の記録方法をとる、こちらもそのつもりで記録するなど、もう少しまともな対応が何かしらできたはずです。

打ち合わせ記録にサインをしてるから何でもOKは、さすがに真人間の所業じゃないと思ってしまいます。

僕は猫のために命をかけてこのお家を建てる決意をしました。だからこそ、ちょっとしたミスでもとても悲しいのです。一生に何度も家を建てれるわけじゃないんです。現場監督さん、フミフミホームズには、何百軒のうちの一軒かもしれません。でも僕らにとってはたった一軒です。

現場監督さんも、僕と同じ時期にご自分のお家を建設なさってるとお聞きしました。だからこそ、僕のこの気持ちはわかってくださると思っています。

でも、誰も悪くはないんですよね、きっと。タイミングも運も悪くて、こうなってしまったんです。

気づけなかった僕にも非があります。無理に直せとはもう言いませんし、言えません。でも現場監督さんだけは、この気持ちをわかってくれると思います。

現場監督さん、いつも常にこちらが満足いくよう、お忙しい中、真摯《しんし》に考えてくださりありがとうございました。現場監督さんは責任感のある対応で、引き渡しまで安心してお任せできると思っております。

どうか、引き続きよろしくお願い致します。

面倒なお家で申し訳ありません。

残りがすべて満足のいく形になるよう、どうか最後まで、何卒よろしくお願い致します」

こんな感情丸出しメッセージを送った1時間後、電話が鳴った。

時刻はもう23時近くになる。こんな時間に、誰だろう。だいたい深夜近くに電話がくるのは、曲の直しとか締め切りについて、なんか面倒なことがあった時とかなので、ドキドキしながらスマホを見ると、現場監督さんの名前が。

「うわあ、、、いくら何でも赤の他人なのに感情的なメッセージしすぎたか・・・怒られるかな・・・どう考えてもメンヘラのめんどい客だもんな。。。あーあ、めんど。。。」

と軽くふてくされながら電話に出ると……。

「も、もじもじ・・・きょうずけさんでゅえすか・・・」

現場監督さんが電話の向こうで号泣していた。

僕の感情丸出しメッセージを読んだ現場監督さんが号泣

今の僕がどんな心境なのか、どんな思いで家を建てているかを伝えるために送ったメッセージ。それを読んだ現場監督さんから23時近い時間にもかかわらず、電話がきた。

「も、もじもじ・・・・きょうずけさんでゅえすか・・・」

電話の向こう側で大号泣している現場監督さん。感情むき出しメッセージを送ってしまい怒られるんか？　と思った僕がとっさに、

「な、何ですか？」

と尋ねると

「メッセージ・・・読ませていただきました。大変申し訳ありませんでした。本当に

申し訳ありませんでした。対応が間違っていました。現場監督としてできる最善を尽くそうともせず、工期や契約を優先し、響介さんの気持ちを考えていませんでした。

メッセージを読ませていただいて、胸が痛くなりました。苦しくなりました。

響介さんのおっしゃる通り、僕も今現在進行形で自分の家を建築している最中です。だからこそ、この気持ちが痛いほどわかります。もし、今自分の家で同じことが起きたら僕も悔しくて眠れなくなってしまうと思います。

それなのに、あのような非情な対応をしてしまい、申し訳ありませんでした！！！

あのメッセージを読んで、改めて現場監督としての責務を感じました。まだ会社にも話は通していませんし、100%ご期待に沿えるかはまだわかりませんが、現場監督として、できる最善を尽くし、できる限り違和感のないよう、完成で満足していただけるように、頑張らせてください！」


おい、イケメン現場監督・・・お前まさか・・・イケメン・・・なのか・・・？

「カンドクズワァッン・・！　ブヒィ！」

大号泣する僕（30）、大号泣するイケメン（35くらい）。

大の大人、しかも男2人が受話器越しに大号泣し合う謎の時間爆誕である。長年連れ添った2人の別れくらい泣いてる・・・。

僕がグズグズ泣いていると、現場監督さんは

「こんな素敵なお家、滅多にありません。絶対満足していただけるように、全力で頑張ります。引き渡しの日に前担当が挨拶にくると言っていたので、その時は2人で思いっきりぶん殴りましょう！（笑）」

この期に及んで冗談を言う余力があるだと・・・？

僕はもう気づいていた・・・こいつ・・・イケメンだよ・・・。

『猫を飼うのをすすめない11の理由』（サンマーク出版）にも書いたが、僕は人運がいい。ピンチに陥った時、必ず助けてくれる人が現れる。そして人生の分岐点ごとに、自分をいい方向に導く最高の人間に出会うのだ。

今回の現場監督さんは、まさにそれである。

普通の現場監督さんだったらきっと、**「なんやこいつキモ。長文メッセージ送って**

くんなや。早く家建てて終わりにしたいわ。サインしたやろヴォケシネカス」という対応だっただろう（さすがにそこまで酷《ひど》いわけはない）。

こんなに感情移入してくれて、こんなに親身になってくれて、こんなに我が家のことを考えてくれて、しかもイケメン（**……あれ、完璧すぎんな。なんかムカついてき……**）。

やはり僕は人運がいい。だってこんな大手でたくさんの現場監督さんがいる中、こんないい人に当たる確率たるや。自分の運と現場監督さんに感謝だ。

強い意志を纏《まと》った無双モードの現場監督さんはこう続けた。

「まず、僕のほうでどんな対応までが可能か考えます。正直すでにキッチンフードがついてしまっていたり、工事自体はだいぶ進んでしまっているので、直すとなるとかなり大掛かりな工事になってしまいます。工期に影響がないようにしながら進めるには、どうしても限界があるかもしれません。

ですが、戻せるところまで戻して、どういった対応までなら可能かを大工さんと相談して、明日までに出します。そこで響介さん的に満足のいく形かどうかジャッジをいただいて、最大限満足のいく形まで持っていけたらと思っています。まだ上司にも言ってないんですけどね（笑）。とにかく僕はやる気です！　やらせてください！」

おいおい・・・完璧な対応じゃねえか・・・。

出会えてよかった、そして僕の家を担当してくれて本当によかった。

立場的には、「印鑑もらってるんで。無理です」（キッパリ）と突き離してもいい立場。状況。**にもかかわらずこの男気。**

いやね、正直僕はもうこの時点で満足だよ。現場監督さん。あんたに出会えたという事実が、僕を満足させてしまったぜ・・・。

最悪、いろいろな事情で満足いく形にならなかったとしても、もう文句は言うまい。現場監督さんのこの頑張りで報《むく》われたよ。

そう思えるほどにこの対応は嬉しかったし、気持ちが楽になった。

「明日朝イチで上司（「フミフミホームズはクソですよ」でお馴染みの例の激ヤバ担当）に確認を取って、すぐ動きます！」

現場監督さん・・・**あんた・・・・最高だよ・・・！**

「フミフミホームズはクソですよ」激ヤバ担当、突如として本気出す

できる限りのことはすると言ってくれた現場監督さん。**フミフミホームズはこの現場監督さんにボーナス6億あげてほしい。5億でもいいよ。**

とはいえ、フミフミホームズも組織である以上、どんなに男気ある現場監督さんでも1人の力で現場すべてを引っくり返すのは大問題。というか本来不可能だろう。そのくらい僕だってわかる。

諸々の事情を聞いた激ヤバ担当さんが、僕の元に現れた。心なしか、普段より強くオーラのようなものを纏《まと》っているように見えた。

ドラゴンボールのフリーザのような不適な笑みを浮かべ着席した激ヤバ担当さんは、

こう切り出した。

「例の件ですが・・・印鑑、押してもらっちゃってるんで・・・」

と、僕と現場監督の涙の電話のことなんて気にもとめない様子で話し出した激ヤバ担当。

くっ・・・こいつ、やはりか・・・こいつは組織の人間・・・。いくら「フミフミホームズはクソですよ」なんて冗談は言っても、結局は組織の人間。ルールは絶対の歯車野郎だったってわけか・・・・！

そりゃそうだよな・・・。期待した俺が馬鹿だったぜ・・・。

怒りと悲しみ、そして、現場監督さんの会社人生命をかけた決断を無下にする気なのか……と落胆しかけたその時、

「……と言って、終わらせたいんですけどね、本当は。でもね、それじゃダメでしょう。僕も図面、改めて見ましたよ。何じゃこれ？　ですよ。こんなのあっていいわけないですよ。ありえないですから、こんな天井。どう見ても。プロが見れば絶対におかしいと気づかなければいけません。これに気づけなかったのはこちらの落ち度です。大工さんも丁寧なのはいいけど、普通はこんな不思議な図面があったら現場監督に

問い合わせて、施主に確認。これをしないで進めてしまって、『お施主さんにサインもらってるから知りません』、なんて言えません。それらすべて含めて僕の責任ですから。だから……。

直しますよ。当たり前ですよ。任せてください。

直さない意味がわかりません。逆に。

いや、っていうのもね、現場監督から早朝に半泣きで電話きて、『響介さんのために、絶対どうにかしたいので僕に時間ください！』、なんて言われちまって（笑）。

この家にどんだけ本気なんだよw　とか思ったんですが、僕も含めてみんな本気で家作りに臨んでるんでね。僕も現場監督もやれることはやりますよ。それがこちらの落ち度ならなおのこと。**僕がいいって言ったんですから、何が何でもやりますよ。え？　フミフミホームズからの許可？　知りません（笑）。フミフミホームズはクソですから（笑）。言ったら絶対ダメって言ってくるんで、黙ってやります（笑）。できちまえばこっちのもんですし、僕がやるって言ったことは間違いないんで」**

おいおい・・・**「フミフミホームズはクソですよ」**ってパワーワードで伏線回収して、お涙頂戴《ちょうだい》展開に持ってきたぞ・・・こいつ・・・・。

いい奴しかいないの？　この物件の関係者？

ってことは、つまり・・・・直る！　**直るぞ！！　天井！！！**

普通なら絶対ありえない!!　ここから天井高を直すなんて、まずないです。だってもう家8割くらいできてるんです。あとはクロス貼っていきましょう、くらいのところまできてます。

しかし、激ヤバ担当、そしてイケメン現場監督のおかげで、遠ざかった僕の夢の家が、また夢の家に近づいたのです。しかも追加費用なしで。「こちらに落ち度があるのでもちろんお金は取りません。むしろご心配おかけしてしまい、申し訳ありません」と。

最高すぎるだろ！！！　最高すぎるだろ！！！　フミフミホームズ！！！

クソらしいけど！！！　クソらしいけど現場の人間は！　最高じゃねえか、馬鹿やろう！！！

ハウスメーカーの担当は契約を取るのに躍起になって、契約さえ取れればあとは適当。現場監督は渡ってきた図面を元にただ作るだけで何もしてくれない。そんな噂を聞いたこともありました。

しかし蓋《ふた》を開けてみれば、こんなにも素敵な人たちに囲まれて、家を建てられてる事実。素敵やん、注文住宅。夢、あるやん！

……でも、あのガタガタ天井どうやって直すん？

天井を直すということで全員の気持ちが真っ直ぐ同じ方向を向いた今、現実問題どこまでやっていけるのか、そして僕自身がどこまでいけば満足なのか。全員が満足いくよう、納得いくよう、大工さんたち全員と相談し合い、解決策を模索する話し合いが行われた。

フミフミホームズとの契約、そして大工さんや現場監督さん、みんなのスケジュールを考えると大幅な延期は難しい。そんなギリギリの状態から手直しを入れることになる。その時間と締め切りから逆算して弾き出された、試行錯誤の日数はなんと1日。

つまり今日中に解決策を導き出し、取りかからねばならないのだ。

そして、肝心の直し作業に費やせる時間を弾き出すと・・・1日。

簡単に言うと、「今決めて明日直すぽよ」ということだ。

レゴで簡単な家作ってるみたいなスケジュール。

やれやれ・・・果たして本当に元通りになるんやろうか・・・。

不安にかられたけれど、しかし、現場監督さんが頑張ってくれたのと、天井高的に収納棚の上が結構空いていたことが幸いして、予想していたように大掛かりなことにはならず、なんと僕の希望通りに、たった1日ですべて直してもらうことが可能になったのだ!!


え!!!

直ったあああああああああああああ!!!!

全部!!!　直った!!!!

ありがとう現場監督さん!!!　担当さん!!!　ありがとう大工さん!!!!

現場監督さんは、

「この状態からでも・・何とかなるもんですね・・・w　死ぬかと思いましたけどw
これで問題なく、気持ちよく進められますね！　ご心配おかけしました」

笑いながらそう言っていたが、きっと裏で大工さんを始め、いろんな人に怒られたり止められたりしたにもかかわらず突き進んで、改修を進めてくれたのだろう。

だからこそ叶ったんです。僕の理想が。感謝の気持ちで涙が出てきましたよ。

丁寧でマメで優しい現場監督さん。あなたが僕の家を担当してくれて、本当によかった・・・。

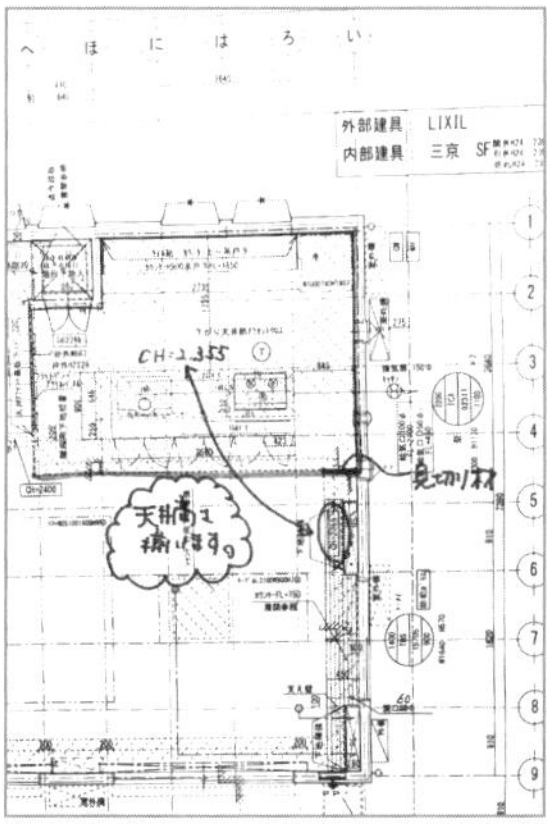

現場監督さんからの、天井高が直ることを伝えるメモ。嬉しすぎて保存してある。

天井のおかしな凸凹がなくなり、すっかり奇麗に！

感動（？）の引き渡しそこに現れたのは…！

1階の天井は無事に直ったけれど、今度はクロスが薄いとかで、これまた現場監督さんの熱い思いが激ヤバ担当を動かして、よりグレードの高いものに替わったり（しかも追加料金なしで）、完成直前になって、僕の気まぐれで2階の床材を茶色いフローリングからグレーのフロアタイルに変えたりと、まだまだ完成まではいろいろありました。でも、もうだいぶ長くなってしまったのでここでは省略します。ぜひブログで読んでください。

いくつもの問題も無事に解決して、内覧会も済ませ、いよいよ代金の支払いと引き渡しの日を迎えることになりました。

人生で動かしたことのないレベルのお金を早朝に支払い、フミフミホームズに入金確認をしてもらい、その足で現場へ行って引き渡しです。この入金をしくじったり、遅れたりすると、引き渡し日が延びてしまうので、地味に緊張しました。

ちなみに銀行窓口で支払いましたが、金額が大きすぎて

「これ……なんのお金ですか？」

家です。注文住宅。

「本当ですか？」

はい。本当ですよ。

「本当に本当ですか？　値段おかしいですけど」

あ、家ちょっと大きいんで。

「ちょっと大きいからってこの価格になりますか？　本当に家ですか？」

え、家ですよ。注文住宅。フミフミホームズ。猫と追いかけっこするんです（ニコニコ）。

「上のもの呼んできます」

えっ。

と、何かしらのやばい詐欺団体のやつみたいな扱いをされて危うく警察呼ばれそうになりました。なんか偉い人いっぱい出てきて怖かったです。

無事支払いを終えたものの、ただお金を支払っただけなので実感が湧いていない。ただ口座から大金がなくなっただけである。悲しい。

日々現場に足を運んでいても、どこか

「本当にここに住むんかな」

という疑念のようなものが僕を取り巻いていた。

というのも契約日にコロナ禍にぶち当たり、着工直前に緊急事態宣言。思うようにことが運ばない中、結構大きめの地震があったり、台風が来たり、「何かしらの何かが起きて、このまま工事中止になったりしちゃうのかな？」とかいろいろ不安もあった。

だからこそ、こうして引き渡しの日を迎えられたのはすごく嬉しいのだが、何とも現実感がない。そもそも本当に、こんなでかい家にワシが住むんか？　という、そもそも論すぎる疑念もあった。

そんなまだ**「他人の家」**のような感覚の玄関を開けた。

これが・・・本物の・・・・新築。

これまではずっと工事が行われていたため、資材の破片や木材をカットした際の木屑が舞っていたり、作業音を含めて常にいろいろな音が鳴り響いていた現場。

しかし、引き渡しの日になれば、それらが嘘のように消え、家はあたかも元々その場にあったかのような綺麗さで佇《たたず》んでいる。

作業でついてしまった汚れや傷などもすべてクリーニングされ、今のいままで剝がされることのなかった床材をカバーする養生が剝がされ、とんでもなく綺麗な鏡面の床があらわになっている。

そこにあるのはまぎれもなくTHE新築だ。

感無量。こういう時に使う言葉なんやろな。と感傷に浸りながらリビングへ向かう。
・・・そこには・・・・

前担当！！！

途中で辞めてしまい、そのせいでいろいろ情報伝達がうまくいかず、たくさんの問題を起こすきっかけになった男！！！

よくも顔出せたなこのやろう！　とか、ちょっとだけ思いつつも、この人がいなかったらこの家は建たなかったというのも事実。感謝している。

そんなことを思っていると、現場監督さんが前担当を僕の前に引っ張ってくるや否や、腰につけた工具をスッと差し出し、こっちが引くくらいの笑顔で、

「さぁ、好きなだけこいつをぶん殴ってください！（ニコニコ）」

いや、怖いな！　サイコパスかよ！！！

いろいろあったけど、そこまで恨んではねぇよ！

「やってくれましたね〜！（笑）　でも感謝してます。ありがとうございます」

とだけ伝えた僕に、前担当はこう言った。

「フミフミで担当した最後のお家が、こんなにいい家になってすごく嬉しいです」

なんやかんや、この人も有能で、僕の理想を叶えるために頑張ってくれていた。コロナ禍での出会いでなければ、こんなことにはなっていなかったかもしれない。

仕方ないことは仕方ないのだ。こうして無事家が建った（フミフミホームズ内部ではめちゃ迷惑被《こうむ》ってると思うが（笑））。それで満足なのだ。

無論殴るようなことはなく、笑顔で共に家を見て回った。

家を見て回りながらの前担当とのやりとり。

前担当「ええ!?（汗） ここ図面間違ってましたか！！？（汗）」
僕「ああ、そこはなんか違うと思って変えたんですよ」
前担当**「えっ」**
前担当「ええ!?（汗） ここも！ 窓ありましたよね!?（汗） 図面、間違ってましたか！！？（汗）」
僕「ああ、そこもね、変えたんですよ。取った」
前担当**「えっ」**
前担当「うわあ!!（汗） こ、ここも、床が！（汗） 違いませんか!?（汗） 図面間違ってましたか！！？（汗）」
僕「ああ、そこはね、直前で変えたんですよ」
前担当**「えっ」**
前担当**「ちょっと待ってください、これ、僕の知ってる家じゃないです」**

もはやコントみたいなノリだったが、こんな明るく愉快で、でも有能な人たちのおかげで、このヤバい家が建ったのだ。

補償や、いろいろな説明、契約のお話をして、ついに最後の印鑑を押した。

この瞬間、この家が正式に僕の家になったのだ。

ついに。ついにやったよ、みんな。みんなの家だよ。僕、少しは頑張ったかな。

ワンルームから始まって、マンション買ったけど、もっと外見せたくて庭部屋作ったり、いろんなこととしたね。そこから縦移動を増やしたい、もっと広くしたい、大きな窓で自由に日向ぼっこさせたい。いろんな想いからついに実現したよ。

有言実行の猫マスターだよ。

みんなには幸せにしてもらいまくりました。いや、現在進行形で幸せにしてもらってる。だから、ここからさらに恩返しさせてもらう。

もっと頑張るから、ずっと元気でいてね。この家で毎日鬼ごっこしようね。

大好きだぜ、みんな。

ニャンコアルバム

ようやくできた猫たちのお家編

紆余曲折、いや、紆余曲曲曲折折折くらいあった我が家。
人生で一番の買い物、人生で一番のこだわり、
やっとのやっとで完成。
これでようやくみんなと鬼ごっこができます。
ずっと僕が鬼だけどな!
みんなの最高の幸せへのたった一歩、
でも大きな一歩です。

キャットスペースにはこだわりの3連窓
各窓に日向ぼっこ用のベッドが設置されVIPさながら

1階に置いた白いフレームのnecosekaiハンモックでお昼寝するリュックとポポロン。

明るいLDKでリュックも気持ちよさそう。

2階の寝室の窓辺には色違いの茶色のフレーム。のんびりポポロン。

猫のためのインテリアもたくさん
あくまでおしゃれに見えるのがコンセプト

キャットスペースに設置したMYZOOでくつろぐリュック。

テレビ壁の裏はキャットスペース。MYZOOの猫家具を取り付けてある。

MYZOOのベッドで寄り添って寝るピーボとニック。

キャットスペース横のぽっこりスペースはブログを書く専用スペースに。ブログを書いてる時も猫たちといたいから。……と思っていたけれど、すっかり猫たちの遊び場に。しかし、それでいい。

1階は柱も仕切りもないLDK
鬼ごっこと日向ぼっこだけに特化した広々空間

インテリアは白を基調に輸入家具を配置。右手に見えるのがアイランドキッチン。その奥、階段の上にボコたん。

ダイニングにはパントンチェアに、アシンメトリーな脚のデザインが特徴的なBontempiのテーブル。おそらくそのテーブルの真似をしているポポロンを設置。

80インチの大型テレビの前には大きなカウチソファ。全員がゆったりソファで寝転んで、ちょうど僕が床に落ちるジャストなサイズ感。

ソファの裏は、日向ぼっこ用のカリカリーナゾーン。

撮影中に突然現れるボコたん。

テレビは一切見ず猫マスター僕の視聴率100%。

テレビ壁の後ろは猫のための空間。通称キャットスペース。

テレビを見ながら猫が見れる（そして見てもらえる）画期的アイデアの窓。

テレビを見ながら監視されている気持ちになるので、ともて気分がいい。

みんな一緒に寝られるように、クイーンベッドで広々
日当たりもよくてみんな気持ちよさそう…床からは以上です

おはよう、ソラ姫。

大胆なポーズのリュック。

いろいろこだわったスタジオ（音楽室）天井の勾配がかっこいい

驚異の4m天井に、念願のブースまで。至れり尽くせり。

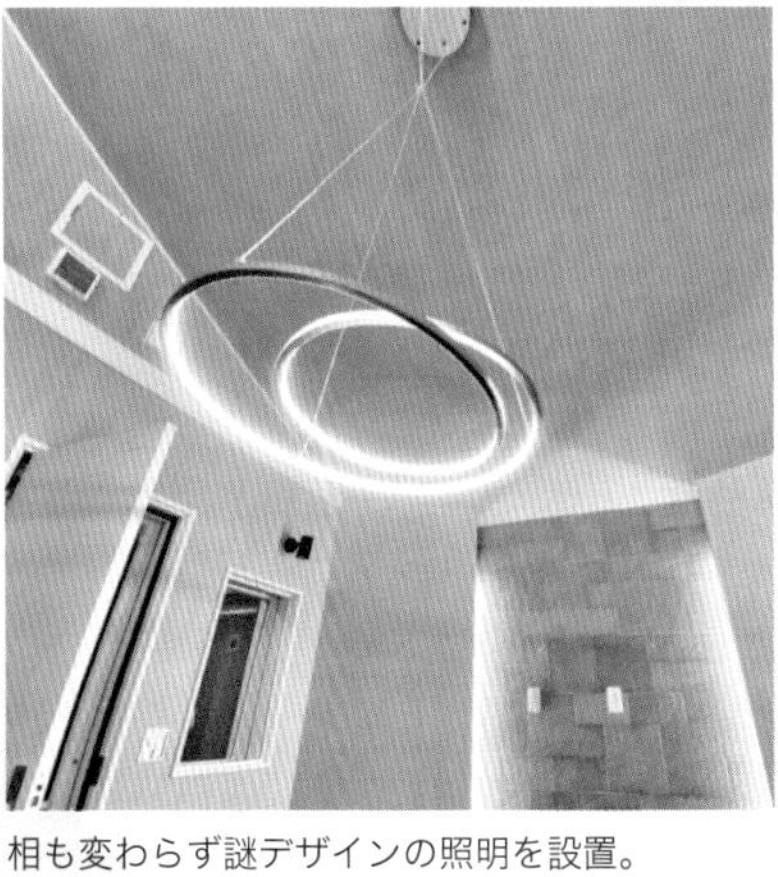

相も変わらず謎デザインの照明を設置。

実は業界でも引かれるくらいのれっきとした機材ヲタク。ほとんど使わず観賞用（おい）。

猫部屋は猫グッズのみで構成されている夢の国。

3階は人間立ち入り禁止の猫部屋
猫マスターのみが立ち入りを許可されている（掃除）

ご飯早く出せデモ敢行中のソラとニック。

1階LDKのカリカリーナでくつろぐソラ。心なしかドヤ。

どう？ みんな新しいお家は気に入った？
これからどんなストーリーが始まるのかな

探検中のピーボ。

スケルトンの階段に佇む女子チーム。料理（納豆を
混ぜるだけ）をしていると、この並びで監視される。

猫は「人に懐《なつ》く」のではなく「家に懐く」動物。

そんな猫たちにとって引っ越しは最もストレスのかかるイベントです。引っ越したあと、隠れたい猫の気持ちを無視して、無理矢理抱っこして強制的に部屋を移動させたり、ご飯で釣ったりしても、根本的な改善にはなりません。猫に近道はないのです。我々飼い主ができるのはただただ過ごしやすい環境作りを徹底し、ただただ待つこと。猫たちの気持ちを第一に、猫ファーストで生きるのです。

猫と暮らす人々にとって本当の意味で大変なのは、家を建てることではなく、引っ越しです。「家に懐く」猫たち。そんなみんなが「家に懐く」には、我々人間では想像しえないほどの時間がかかります。みんなが過ごしやすい環境として認知してくれるよう、そして最高の幸せを贈ってあげられるよう、我々下僕は頑張るのです。

僕たちの家は無事に完成しましたが、僕たちの本当の意味での物語はこれからです。新しい家でのたくさんの出来事は、また今度、お話しできたらと思います。

猫マスター　響介

[著者]

響介（きょうすけ）

猫マスター／作編曲家／サウンドプロデューサー／昭和音楽大学非常勤講師

1990年生まれ。共に暮らす5匹の猫について呟くTwitterの総フォロワー数は2021年6月現在11万人以上、総いいね数は100万超え、ツイートが見られた回数を表すインプレッションは3億を超える、日本の猫アカウントでも指折りの人気を誇る。

猫と追いかけっこしたいがために突如マンションを買う。が、数年後に「もっと幸せにしたい」一心で注文住宅を建てる。日々曲を書き、曲の〆切に追われながら日々猫たちのご飯の〆切にも追われる。そんな〆切地獄の幸せな毎日を送っている。

ブログ「変顔猫リュックと愉快な仲間達」が人気を博し、家を建てるまでを連載した「猫と音楽家が暮らす理想の家」シリーズは驚異の100万PVを記録。本業の猫マスターとして猫を愛でつつ、副業の作編曲家として別名義でAKB48や青春高校3年C組等への楽曲提供など幅広い活動を行う。

著書に『猫を飼うのをすすめない11の理由』、共著に『猫がゴロゴロよろこぶCDブック』（ともにサンマーク出版）がある。

ブログ「変顔猫リュックと愉快な仲間達」：https://rikkusora.com/rikku/

Twitter：@HOMEALONe_ksk

Instagram：@rikkufamily

YouTubeチャンネル「リュックと愉快な仲間たちVlog」：

https://www.youtube.com/channel/UCiG4XnnjxX7e9yf_pQ6hLVw

下僕《げぼく》の恩返し　保護猫たちがくれたニャンデレラストーリー

2021年7月1日　第1刷発行

著　者　響介

発行者　唐津 隆

発行所　株式会社ビジネス社

〒162-0805　東京都新宿区矢来町114番地 神楽坂高橋ビル5F

電話　03(5227)1602　FAX　03(5227)1603

http://www.business-sha.co.jp

〈印刷・製本〉シナノ パブリッシング プレス

〈カバーデザイン〉谷元将泰

〈本文デザイン〉関根康弘（T-Borne）

〈イラスト〉林香世子

〈営業担当〉山口健志　〈編集担当〉山浦秀紀

ISBN978-4-8284-2294-7